록펠러, 나눔을 실천한 최고의 부자

스코프는 책에 관한 아이디어와 원고를 설레는 마음으로 기다리고 있습니다. 책으로 엮기를 원하는 아이디어가 있으신 분은 이메일(bookrose@naver.com)로 간단한 개요와 취지, 연락처 등을 보내주세요. 망설이지 말고 문을 두드리세요. 길이 열릴 것입니다.

록펠러, 나눔을 실천한 최고의 부자

ⓒ 엄광용, 2013

초판 1쇄 인쇄 | 2013년 4월 05일
초판 1쇄 발행 | 2013년 4월 10일

지은이 | 엄광용
그린이 | 김정진
펴낸이 | 박영욱
펴낸곳 | 스코프

경영총괄 | 정희숙
책임편집 | 임은희
편집 | 이상모
마케팅 | 최석진 · 이종진
표지 · 본문 디자인 | 서정희
법률자문 | 법무법인 명율 대표 변호사 **안성용**

주　소 | 서울시 마포구 서교동 468-2번지
이메일 | bookrose@naver.com
전　화 | 영업문의: 02-322-6709　편집문의: 02-325-5352
팩　스 | 02-3143-3964

출판신고번호 | 제313-2007-000197호
ISBN 978-89-93662-86-3 (73810)

* 이　도서의　국립중앙도서관　출판시도서목록(CIP)은　e-CIP홈페이지(http://www.nl.go.kr/ecip)와 국가자료공동목록시스템(http://www.nl.go.kr/kolisnet)에서 이용하실 수 있습니다.(CIP제어번호: 2013001265)

* 이 책은 스코프가 저작권자와의 계약에 따라 발행한 것이므로 이 책의 내용의 일부 또는 전부를 이용하려면 반드시 스코프의 서면 동의를 받아야 합니다.
* 책값은 뒤표지에 있습니다.
* 잘못 만들어진 책은 구입하신 서점에서 교환해 드립니다.

록펠러, 나눔을 실천한 최고의 부자

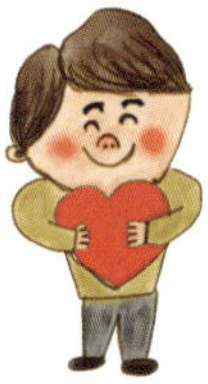

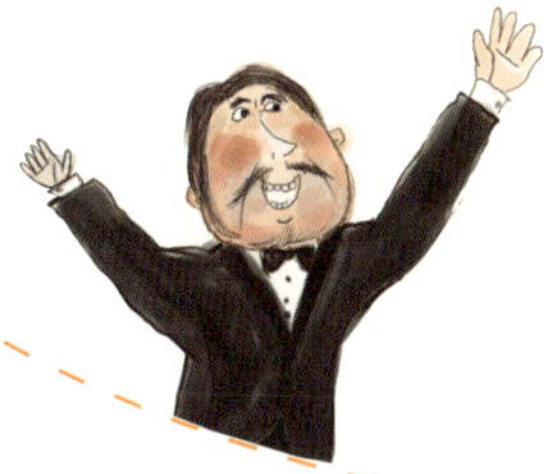

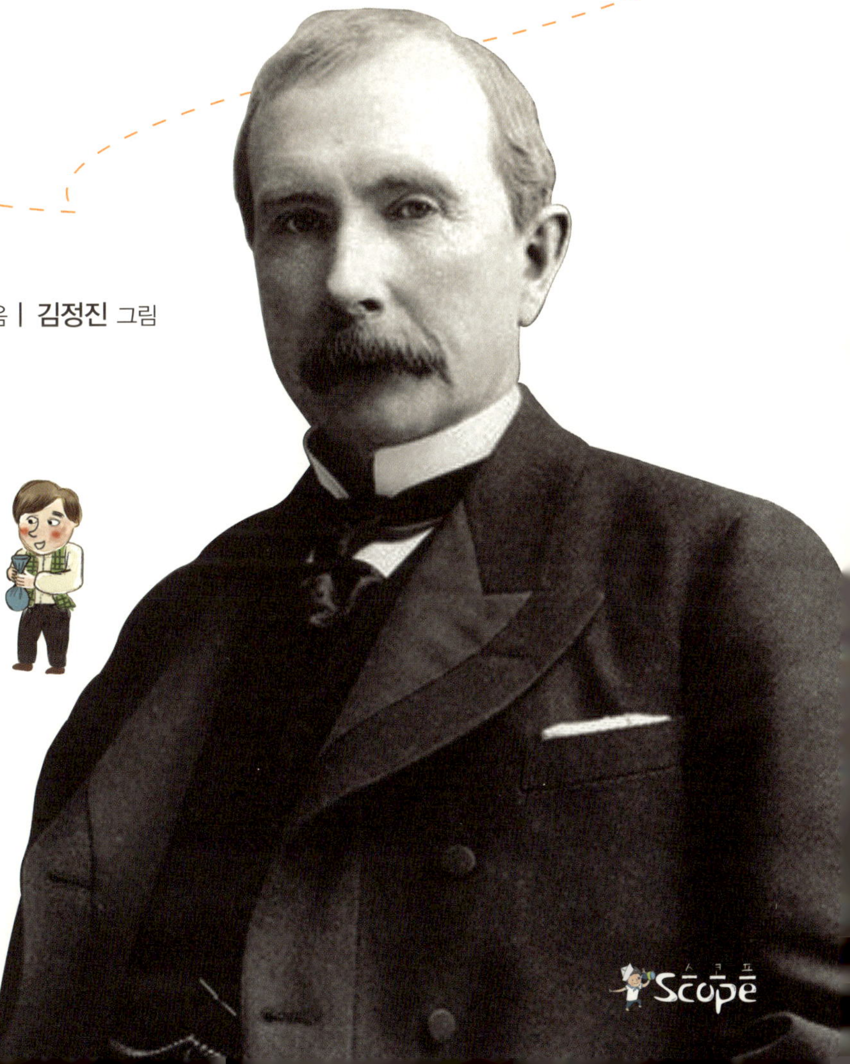

엄광용 지음 | 김정진 그림

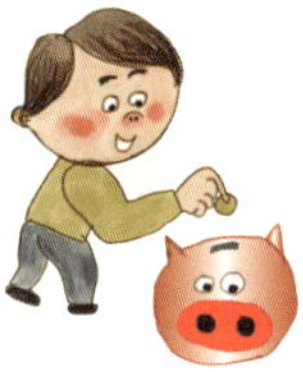

머리말

억만장자의 나눔 실천 이야기

    록펠러는 두 얼굴을 가진 사나이입니다. 첫 번째 얼굴은 돈을 모으기 위해 수단과 방법을 가리지 않았던 성공한 사업가의 얼굴입니다. 또 하나의 얼굴은 세계 최대의 자선 단체를 만들어 가난하고 교육받지 못한 사람들을 위해 엄청난 금액을 기부하는 나눔의 천사 같은 얼굴입니다.

    우리는 이 책을 통해서 록펠러가 어떻게 두 번째 얼굴로 변했는지, 나눔이란 무엇인지를 재미있게 배우게 될 것입니다. 피도 눈물도 없는 사업가였던 록펠러는 어떤 일을 계기로 사람과 어울려 살고, 나눔이란 무엇인지를 알게 되었습니다. 마치 찰스 디킨스의 동화 〈크리스마스 캐럴〉에 나온 스크루지 영감처럼 말이죠.

록펠러가 퍼트린 나눔의 씨앗은 지금도 계속되고 있습니다. 초대 록펠러에 이어 2대, 3대로 계속 자녀가 늘어나면서 자선단체도 계속 늘리고 있죠. 록펠러 가문은 아시아 문화인을 위한 지원도 해주고 있는데 그중 우리나라의 세계적인 비디오 아티스트 백남준도 도움을 받은 한 사람이라고 하니 록펠러 가문은 우리에게도 알게 모르게 많은 도움을 주고 있답니다.

록펠러가 위대한 것은 세계적인 갑부라서가 아니라 자신이 번 돈을 사회에 기부하여 많은 사람들에게 그 혜택이 돌아가게 했다는 데 있습니다.

록펠러는 초등학교 6학년 교과서 《생활의 길잡이》 제10단원 〈참되고 숭고한 사랑〉편에 소개되었습니다. 이는 어린이들에게 꿈과 희망, 나눔의 정신을 충분히 심어 줄 수 있는 인물이기 때문일 것입니다.

어린이 여러분은 이 책을 통해 나눔이 어떻게 기쁨이 되는지, 그리고 록펠러의 인생이 어떤 감동을 주는지 확실히 알 수 있을 겁니다. 이제 여러분도 나눔을 실천하는 방법에 대해서 생각해 보기로 해요.

록펠러는 누구?

어린 시절 가난하게 자란 록펠러는 고등학교를 졸업하자마자 곧바로 사회로 나가 열심히 일하며 성공했어요. 그후로도 부지런히 눈코 뜰 새 없이 바쁘게 일하며, 절약 정신을 실천했어요.

록펠러는 석유 사업에 뛰어들었습니다. 산업이 발전하면 석유가 가장 큰 돈벌이가 될 것이라는 것을 직감적으로 알았던 거죠. 록펠러는 다른 경쟁자를 모두 물리치면서 미국 석유 산업 전체를 휘어잡았어요. 사업을 위해서는 수단과 방법을 가리지 않았죠. 록펠러가 얼마나 부자였나 하면 지금까지 역사상 최고의 부자를 뽑았는데, 록펠러가 1위를 차지했습니다. 현재 최고의 부자로 알려져 있는 빌 게이츠가 20위니까 얼마나 부자였는지 실감이 되나요? 현재 가치로 록펠러의 재산을 환산하면 300

조 원이나 된다고 합니다.

그런데 '석유왕'이라 불릴 정도로 세계적인 갑부가 된 록펠러는 쉰다섯 살 때 의사로부터 앞으로 1년밖에 못 산다는 시한부 생명을 선고받았지요. 그때 병원에서 돈이 없어 수술을 받지 못하는 소녀를 보고 몰래 그 비용을 대주면서 그는 무한한 기쁨을 느꼈어요. 그것이 계기가 되어 어려운 이웃과 사랑을 나누는 '기부 철학'을 실천하였고, 그러자 죽을병도 저절로 물러가 깨끗이 나았으며 무려 아흔여덟 살까지 장수하며 행복하게 살았어요.

그가 세상을 떠난 후에는 그의 아들인 록펠러 2세가 아버지의 뜻을 이어 〈록펠러센터〉를 만들어, 가난하고 힘없는 소외된 사람들과 재능 있는 예술인들을 돕는 일을 펼쳤어요.

돈은 록펠러를 죽음으로 몰고 갔지만, 사회를 위해 펼친 나눔의 정신은 그를 새로운 삶으로 이끌어 주었지요. 그가 나눔의 철학을 실천한 것은 다른 사람들에게 단순히 돈을 기부한 것이 아니라, 사랑하는 마음을 준 것이었어요.

어린이 여러분도 록펠러의 이야기를 읽고 마음속에 나눔의 씨앗을 심기 바랍니다.

차례

머리말_ 억만장자의 나눔 실천 이야기   4
록펠러는 누구?   6

1장 돈 버는 비상한 재주를 가진 아이
어머니의 엄한 가르침   12
나눌수록 쌓이는 돈 주머니   17
한식구가 된 야생 칠면조   22
돈 버는 재주를 가진 꼬마   27
지식 창고 은행의 역할은 무엇일까요?   30

2장 큰 꿈을 품고 세상으로 나가다
인생을 바꾸어 준 용돈기입장   34
나의 꿈은 사업가   40
경리 업무로 첫 직장 생활 시작   45
돈의 가치보다 일의 소중함을 깨닫다   51
지식 창고 용돈으로 경제를 익혀요   56

3장 세계 최고 부자가 되다

꿈에 그리던 첫 사업 시작　60

위기를 기회로 만든 남북전쟁　66

신이 준 선물 '석유'　70

세계로 뻗어 나간 정유 사업　79

위기를 극복하고 석유왕이 되다　83

타고난 사업가　88

최고 부자의 근검절약 정신　95

지식 창고　사업은 경제의 기본이에요　100

4장 나눔의 정신을 실천하다

주는 것에서 행복을 찾다　104

자선 사업은 어려워　111

사람들에게 희망을 되돌려주다　116

세상에 주는 마지막 선물 '록펠러센터'　123

지식 창고　어린이를 도와요　130

재미있는 논술 활동　132

 ## 어머니의 엄한 가르침

　록펠러는 1839년 7월 8일, 미국 뉴욕 북부 리치퍼드에서 아버지 윌리엄 에이버리 록펠러와 어머니 일라이지 데이비슨 록펠러의 아들로 태어났습니다.

　록펠러의 정식 이름은 '존 데이비슨 록펠러' 였습니다. 외할아버지 '존 데이비슨' 의 이름을 따서 지은 것입니다. 그래서 어머니는 항상 록펠러를 '존' 이라 불렀습니다.

　아버지는 작은 농장을 경영했지만, 농사일보다는 집을 떠나 여기저기 떠돌며 장사를 하였습니다. 어머니는 청교도적 신앙을 지녔던 사람으로 자녀 교육에 매우 엄격했습니다. 잘할 때는 칭찬을 아끼지 않았지만 잘못할 때는 가차 없이 회초리로 엄하게 가르쳤습니다.

어머니는 어린 자식들에게도 일찍부터 집안일을 거들게 했습니다. 그래서 록펠러는 어린 시절부터 아침 일찍 일어나 어머니의 일을 도와야 했습니다.

"사람은 부지런해야 먹고산단다. 게으른 사람은 커서 가난하게 살 수밖에 없다. 그러므로 열심히 일을 해야 하는 거란다."

어머니의 신념 덕분에 록펠러는 일찍부터 소의 젖 짜는 일 등을 도우며 자랐습니다.

어느 겨울날이었습니다. 록펠러는 마을 아이들이 강가에 나가 얼음 위에서 스케이트 타는 것을 보았습니다. 그가 스케이트를 타러 가려고 하자 어머니는 극구 말리셨습니다. 날씨가 풀려 얼음이 녹을 때이므로 놀기에 위험하기 때문이었습니다.

그러나 록펠러는 한번 하고 싶다고 생각한 것은 반드시 하고야 마는 성격이었습니다. 그래서 그날 밤, 어머니 몰래 동생과 함께 강으로 스케이트를 타러 갔습니다.

한창 재미있게 스케이트를 타고 있을 때였습니다. 얼음이 깨지면서 한 아이가 물에 빠졌습니다.

"아앗, 사람 살려!"

물에 빠진 아이의 비명 소리를 듣고 록펠러는 급히 강가로 나와 기다란 장대를 내밀어 그 아이를 물에서 끌어올리는 데 성공했습니다.

다음 날 아침, 그 소문이 온 마을에 퍼졌어요. 록펠러는 위험하다며 말리는 것을 외면한 채 몰래 나갔기 때문에, 어머니가 그 소문을 듣는다면 분명히 그냥 지나가지 않을 것임을 알고 잔뜩 겁먹었습니다.

그날 점심 무렵, 어머니가 마을에 갔다가 그 소문을 듣고 집으로 와서 말했습니다.

"존아, 너 참 용감한 아이로구나. 물에 빠진 아이를 구해 주었다니 참으로 장하다. 하지만 동생을 데리고 몰래 스케이트를 타러 간 것은 잘못이다. 엄마 말을 안 듣고 함부로 행동한 것은 용서할 수 없는 일이니, 가서 회초리를 꺾어 오너라."

록펠러는 밖으로 나가 자신이 맞을 회초리를 준비해야 했습니다. 그는 꾀를 써서 회초리 중간에 칼로 흠집을 여러 군데 내어 한두 번만 때리면 금세 부러지도록 했습니다.

"네 잘못이 무엇인지 알겠지?"

회초리를 든 어머니는 록펠러의 종아리를 때렸습니다. 그러나 그 회초리는 금세 부러졌습니다.

어머니는 록펠러가 꾀를 부려 회초리에 칼집을 낸 사실을 금세 알아차렸습니다.

"네가 아직 니 죄를 깨닫지 못한 모양이로구나! 이번에는 제대로 된 회초리 두 개를 마련해 오거라."

록펠러는 두려운 마음으로 회초리 두 개를 꺾어 왔습니다.

어머니가 첫 번째 회초리로 종아리를 때리며 물었습니다.

"이게 무슨 매인 줄 아느냐?"

"몰래 스케이트 타러 간 죄요."

어머니는 회초리를 바꾸어 때리며 다시 물었습니다.

"그럼, 이것은 무슨 매이냐?"

"양심을 속인 죄요."

록펠러는 이를 악물고 아픔을 참으며 대답했습니다.

1장 돈 버는 비상한 재주를 가진 아이 15

"그래, 이제야 네가 바른 생각을 하는구나. 이 세상에서 가장 불쌍한 사람은 바로 자기 자신을 속이는 사람이다. 그런 사람이 다른 사람까지 속이게 되면 나쁜 사람밖에 더 되겠니? 너는 반드시 다른 사람을 돕는 훌륭한 사람이 되어야 한다. 그러려면 먼저 네 양심을 속이지 않는 착한 사람이 되어야 하고, 그런 연후에 다른 사람에게 착한 마음을 베풀어야 한다."

　어머니의 이러한 가르침 덕분에 록펠러는 그 이후 양심을 속이는 일은 절대로 하지 않았습니다.

나눌수록 쌓이는 돈 주머니

　록펠러는 어려서부터 교회에 예배를 드리러 다녔습니다. 아버지는 자주 도시로 나가 장사를 했기 때문에 주로 어머니가 아이들을 데리고 교회에 가곤 했습니다.

　록펠러가 혼자서도 교회에 다닐 수 있게 되었을 때, 어머니는 그에게 20센트의 용돈을 주었습니다.

　"자, 존아! 교회에 가면 하나님께 헌금하는 거 알지? 그 전에는 엄마가 대신 해 주었지만, 이제 너도 돈을 셀 줄 아는 나이가 되었으니, 네가 직접 해야 한단다. 이건 네게 주는 용돈이다. 이 중 얼마를 헌금하면 되겠니?"

"이게 모두 20센트니까……."

록펠러는 손바닥을 펴고 돈을 세어 보며 혼잣소리로 중얼거렸습니다.

"그래, 20센트는 네가 오늘 용돈으로 받은 거야. 그러나 그 돈의 전부가 네 돈은 아니란다. 거기서 10분의 1은 반드시 하나님께 바쳐야 한다. 그것을 '십일조'라고 한단다. 그럼 오늘은 십일조로 얼마를 내야 하지?"

어머니의 말에 록펠러는 환하게 웃으며 대답했습니다.

"2센트요."

어려서부터 셈 하나만큼은 무지 빠른 록펠러였습니다.

"그래, 맞다. 우리 존, 참 똑똑하구나!"

어머니는 록펠러의 머리를 다정스레 쓰다듬어 주었습니다.

서너 살 때부터 록펠러는 마당에서 뛰노는 병아리들을 보고 숫자 익히는 것을 배웠습니다.

어머니는 먼저 바구니에 한 가득 담아 놓은 달걀 세는 법부터 가르쳐 주었습니다. 식탁 위에 올려놓고 손가락 숫자만큼 다섯 개씩 모아서 따로따로 떼어 놓으면 쉽게 계산이 되었어요.

그렇게 두 묶음으로 해서 열 개를 세어 놓으면 어머니는 반드시 거기서 달걀 한 개를 따로 떼어 놓았습니다.

"이것 하나는 하나님의 몫이란다."

록펠러는 처음엔 그것이 '십일조'라는 것을 몰랐지만, 어머니가 생활 속에서 자주 강조를 해서 나중에는 자연스럽게 받아들일 수 있었습니다.

부모님은 록펠러에게 아무 이유 없이 용돈을 그냥 주는 법이 없었습니다. 반드시 심부름을 하거나 집안일을 거들어 주어야만 받을 수 있었지요.

록펠러는 집안일만 거들은 것이 아니었습니다. 어느 날, 어머니는 그에게 자립심을 심어 주기 위해 이웃집 농장에 가서 감자 캐는 일을 거들게 했습니다.

"참, 어린 것이 기특하기도 하구나. 그동안 수고 많이 했다."

농장 주인은 록펠러에게 일한 값으로 1달러 50센트를 주었습니다.

"우아, 엄마! 제가 십일조로 15센트를 낼 수 있게 되었어요."

"그래, 참으로 장하구나. 여기 두 개의 주머니가 있다. 큰 주

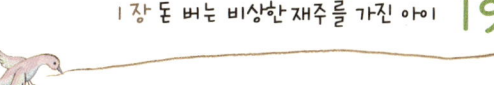

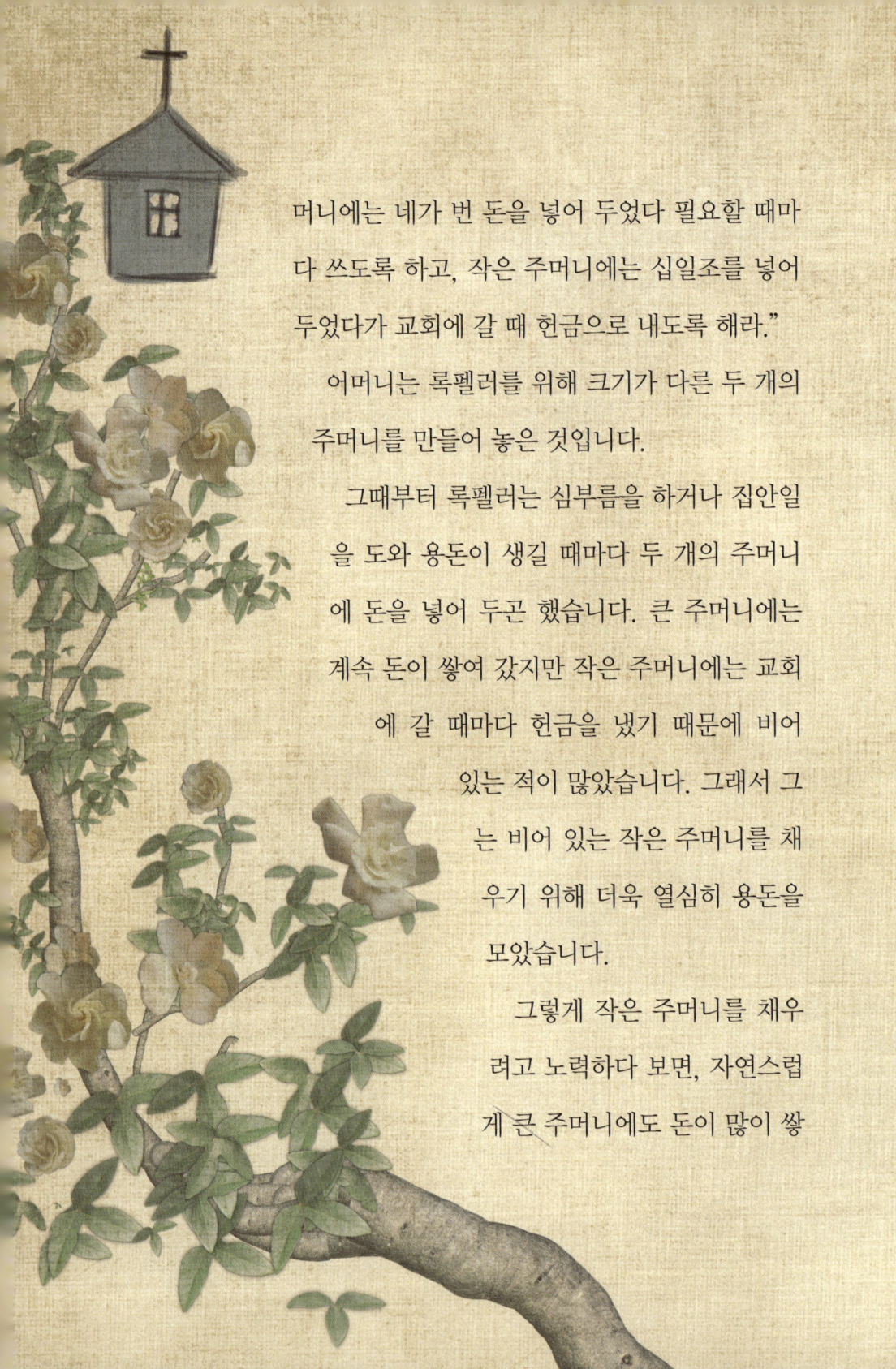

머니에는 네가 번 돈을 넣어 두었다 필요할 때마다 쓰도록 하고, 작은 주머니에는 십일조를 넣어 두었다가 교회에 갈 때 헌금으로 내도록 해라."

어머니는 록펠러를 위해 크기가 다른 두 개의 주머니를 만들어 놓은 것입니다.

그때부터 록펠러는 심부름을 하거나 집안일을 도와 용돈이 생길 때마다 두 개의 주머니에 돈을 넣어 두곤 했습니다. 큰 주머니에는 계속 돈이 쌓여 갔지만 작은 주머니에는 교회에 갈 때마다 헌금을 냈기 때문에 비어 있는 적이 많았습니다. 그래서 그는 비어 있는 작은 주머니를 채우기 위해 더욱 열심히 용돈을 모았습니다.

그렇게 작은 주머니를 채우려고 노력하다 보면, 자연스럽게 큰 주머니에도 돈이 많이 쌓이는 것을 알게 되었습니다. 그가 생각하기에도 정말 신기한 일이 아닐 수 없었습니다. 하나님께 헌금을 많이 할수록 자신에게 더욱 많은 돈이 들어온다는 사실을 깨닫게 된 것이지요.

  원래는 돈을 많이 벌어야 십일조도 많이 할 수 있는 것인데, 록펠러는 그 반대로 생각했습니다. 그는 돈 버는 기쁨보다 십일조를 하는 기쁨이 더 크다는 사실을 일찍부터 터득한 것입니다.

한식구가 된 야생 칠면조

　록펠러는 어려서부터 돈을 버는 일에 재능이 있었습니다. 칠면조 기르기는 그의 첫 사업이라고 할 수 있었습니다.
　어느 봄날, 일곱 살의 어린 록펠러는 집 뒤의 풀숲에서 칠면조 한 마리를 보았습니다. 집에서 기르는 칠면조가 아니라 야생 칠면조였습니다.
　록펠러네 농장에서는 닭들은 여러 마리 키웠지만 칠면조는 없었기에 야생 칠면조를 보자 욕심이 생겼습니다. 칠면조를 사로잡아 자기가 직접 키워 보고 싶었습니다.
　록펠러는 모이를 찾고 있는 칠면조의 뒤로 살금살금 다가갔습니다. 그러나 칠면조는 그의 발자국 소리를 듣고 재빨리 덤불 속으로 도망쳐 버렸습니다.

"흥, 나는 절대 포기하지 않을 거야!"

록펠러는 자신보다 키가 큰 풀숲 속에 가만히 앉아 다시 칠면조가 나타나길 기다렸습니다.

그러나 칠면조는 좀처럼 나타나지 않았어요. 록펠러는 포기하지 않고 매일매일 칠면조를 잡기 위해 산으로 올라갔습니다.

그리고 나서 며칠 후 록펠러는 정말 산비탈의 풀숲에서 칠면조 둥지를 발견했습니다. 매일 같이 풀숲에 엎드려 칠면조가 나타나길 기다렸다가 몰래 뒤를 밟아 찾아낸 것이지요.

칠면조 둥지에는 알도 일곱 개나 들어 있었습니다. 록펠러는 칠면조가 알을 품고 있을 때 두 손으로 꼭 붙잡았습니다. 다른 때 같으면 도망쳤을 텐데, 알을 품고 있었기 때문에 칠면조는 도망치지 못했습니다.

칠면조를 꼭 품에 끌어안고 집으로 돌아온 록펠러를 보고 어머니는 깜짝 놀랐습니다.

"네가 정말 칠면조를 잡았구나!"

헛간에 칠면조를 넣어 둔 록펠러는 또다시 부지런히 어딘가로 달려갔습니다.

"존! 또 어딜 가니?"

"칠면조가 풀숲 둥지에 알을 낳았어요. 알을 꺼내 와야죠."

한참 후 록펠러는 벗은 외투 안에 칠면조 알 일곱 개를 넣어 가지고 나타났습니다.

"그 칠면조를 길러 보렴. 알을 깨고 새끼들이 나오면 곧 여러 마리의 칠면조를 기를 수 있단다. 그리고 그 칠면조 새끼들을 키워 팔면 큰돈을 벌 수 있지."

"그럼, 십일조도 아주 많이많이 할 수 있겠네요?"

록펠러는 눈을 반짝반짝 빛내며 물었습니다.

그때부터 록펠러는 칠면조를 아주 열심히 길렀습니다. 일곱 개의 알에서 칠면조 새끼 여섯 마리가 알을 깨고 나왔습니다. 나머지 한 개는 잘못되어 새끼가 깨어날 수 없었습니다.

칠면조 새끼들에게 주려고 록펠러는 빵을 먹다가도 일부러 조금씩 남겼습니다. 가끔씩 주방을 기웃거려 굳은 우유나 치즈 조각이 남아 있으면 모아 두었다가 새끼들에게 주었습니다. 낮에는 들판에 나가 칠면조가 좋아하는 연초록의 여린 풀 이파리도 뜯어 왔지요.

그렇게 1년 가까이 정성을 들여 키웠더니 칠면조 새끼들은 어느새 어미만큼 자라났습니다. 록펠러는 다 큰 칠면조를 시장에 내다 팔지 않고 모두 기르기로 했습니다. 암컷 여러 마리가 알을 낳으면 더 많은 칠면조 새끼들을 부화시킬 수 있고, 그것을 모두 기르면 수십 마리의 칠면조가 되어 큰돈을 벌게 된다는 사실을 알고 있었던 것이지요.

여덟 살이 되어 초등학교에 들어가서도 록펠러는 열심히 칠면조를 길렀습니다. 이른 아침 학교에 가기 전에 반드시 모이를 주었고, 방과 후 집에 돌아와서는 들에 나가 메뚜기나 곤충 등 칠면조가 잘 먹는 먹이들을 잡아왔습니다.

그렇게 3년 동안 칠면조를 키워 록펠러는 큰돈을 모았습니다.

이처럼 록펠러는 어려서부터 돈을 버는 데 비상한 재주를 가지고 있었습니다.

 # 돈 버는 재주를 가진 꼬마

　록펠러는 야생 칠면조로 돈을 번 이후에도 다양한 방법으로 돈을 벌었습니다. 어느 날 록펠러는 시장에 갔다가 사탕을 낱개로 사면 비싼데 한꺼번에 많이 사면 싸게 준다는 것을 알았습니다. 그는 용돈으로 사탕을 한꺼번에 많이 사다 놓고, 누나나 동생들에게 낱개로 팔아 이득을 남겼습니다. 조그마한 이득이지만, 그것이 모이면 큰돈이 된다는 사실을 안 것입니다.

　어느 날인가 시장에 갔다가 상한 콩을 무더기로 쌓아 놓고 싸게 파는 것을 보았습니다. 그런데 상한 콩에 비해 상하지 않은 콩의 가격이 너무 비쌌습니다. 그때 록펠러는 상한 콩 중에 싱싱

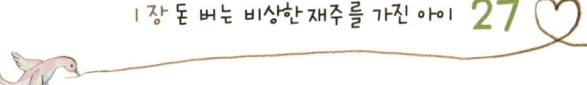

한 콩도 섞여 있는 것을 보았습니다. 그는 순간적으로 그것들을 골라내 싱싱한 콩만 모아 놓으면 비싼 값을 받을 수 있을 것 같았습니다.

록펠러는 판단이 서면 곧바로 행동에 옮기는 성격으로, 상한 콩을 한 무더기 사서 집으로 가지고 왔습니다.

"존! 상한 콩을 이렇게 많이 사오다니, 도대체 무엇에 쓰려고 그러니?"

어머니가 놀라서 물었습니다.

"이 속엔 싱싱한 콩도 많이 들어 있어요. 그걸 골라내면 제대로 된 콩 값을 받을 수 있을 거예요."

록펠러는 마당에 깔개를 펴고 콩 자루를 무더기로 풀어 놓은 채 싱싱한 콩을 골라내기 시작했습니다.

얼마 후 록펠러는 싱싱한 콩만 모은 자루를 다시 시장에 가지고 나가 상한 콩을 살 때보다 더 많은 돈을 받고 팔아 상당한 이득을 남겼습니다.

이러한 록펠러의 돈 버는 재주를 유심히 관찰한 아버지는 그를 은행에 데리고 가서 통장을 만들어 주었습니다.

"집에 어머니가 만들어 준 두 개의 주머니가 있지?"

"네!"

"지금까지 큰 주머니에는 네가 번 돈을 넣어 두고, 작은 주머니엔 십일조를 넣어 두었지?"

"네!"

"이제부턴 이 통장이 더 큰 주머니 역할을 할 거란다. 큰 주머니에 돈이 쌓일 때마다 그것을 이 통장에 저축하면 안전하게 보관할 수가 있지. 뿐만 아니라 이 통장에 들어 있는 돈은 하루하루 날짜가 지날수록 조금씩 이자가 붙어 점점 불어나게 된단다. 말하자면 은행은 돈을 가지고 있는 많은 사람들에게 저축을 하도록 해서, 그 돈으로 꼭 돈이 필요한 사람들에게 빌려 주고 이자를 받는 곳이란다. 개인을 대신하여 돈을 빌려 주고 이자를 챙겨 주는 일을 하는 곳이지."

아버지는 통장을 록펠러에게 건네주며 은행이 어떤 일을 하는 곳인지까지 자세하게 가르쳐 주었습니다.

그 순간 록펠러는 앞으로 은행과 친해지면 돈을 많이 벌 수 있을 것이란 사실을 본능적으로 알았습니다.

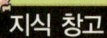
지식 창고

은행의 역할은 무엇일까요?

어른들이 돈을 벌거나, 우리들이 용돈이 생기면 은행에 저금을 합니다. 그러면 은행은 우리 돈을 안전하게 보관해 주지요. 그리고 오랫동안 돈을 맡겨 두면 이자라고 해서 돈을 더 주기도 합니다. 왜 은행은 돈을 맡겨만 놔도 이자를 더 줄까요? 은행의 역할을 자세히 알면 그 궁금증이 모두 풀립니다.

❶ 돈을 안전하게 보관합니다

은행은 우리가 맡긴 돈을 안전하게 보관합니다. 집에 많은 돈을 보관하면 잃어버릴 염려도 있고, 혹시나 도둑이 들까 봐 불안하기도 하지만 은행에 돈을 보관하면 안심이 됩니다. 아주 강력한 금고도 있고, 경비원이 항상 은행을 지키고 있으니까요. 은행은 돈을 맡았다는 증거로 통장을 줍니다. 통장을 보면 얼마나 은행에 돈을 맡겨 두었는지를 확인할 수 있죠.

❷ 필요한 돈을 빌려 줍니다

어른들이 사업을 하거나, 집을 살 때, 형 누나가 대학에 갈 때 등 많은 돈이 필요할 때가 있습니다. 이때 은행에서 돈을 빌려 줍니다. 저금한 돈을 모아서 필요한 사람에게 빌려 주는 것이죠. 돈을 빌려 간 사람은 은행에 이자를 내야 합니다. 돈을 사용한 대가를 내는 것입니다. 이 이자로 은행에서 일하는 직원들에게 월급을 주고, 돈을 저금한 사람에게도 이자를 줍니다.

❸ 신용을 만듭니다

우리가 다른 사람을 믿는 것을 신용이라고 합니다. 어떤 사람을 믿을 수 있으면 그 사람에게 쉽게 돈을 빌려 주겠죠? 그런데 은행이라는 튼튼한 기관에서 '저 사람은 믿어도 돼'라고 말해 주면 그 사람은 더 쉽게 돈을 빌리거나 사용할 수 있게 되어 경제 생활이 편해집니다. 그중 대표가 신용카드입니다. 은행이 돈이 없어도 고객을 믿고 물건을 주라고 증명해 주는 것이 신용카드죠. 신용카드, 체크카드, 교통카드, 인터넷 거래 등도 다 은행에서 신용을 만들어 주었기에 사용할 수 있는 것입니다.

❹ 돈을 편하게 주고받게 합니다

미국에 살고 있는 친척에게 돈을 보내 주어야 할 때 어떻게 할까요? 커다란 상자에 돈을 넣어서 소포로 보내 주어야 할까요? 당연히 아닙니다. 간편하게 은행에 가서 돈을 보내 달라고 부탁만 하면 됩니다. 요즘은 컴퓨터나 스마트폰으로 더 간단하게 돈을 주고받습니다. 이렇게 쉽게 돈을 주고받을 수 있으니까 기업들 간의 거래도 늘어나서 경제가 더욱 활발하게 움직입니다.

이 모든 역할이 모여서 우리나라의 경제를 튼튼하게 이끕니다. 그러므로 나라의 경제가 돌아가는 데 은행은 반드시 필요합니다.

# 인생을 바꾸어 준 용돈기입장

　록펠러네 가족은 그가 열네 살이 되던 해에 뉴욕 북부에서 오하이오주 동북쪽에 있는 항구 도시 클리블랜드로 이사를 하게 됐습니다. 이 도시는 멕시코만과 오대호를 연결하는 항구를 가지고 있어 세계 여러 나라와 교역이 활발하게 이루어지는 무역항으로 유명했습니다.

　특히, 장사하는 사람들이 오가는 상업 도시로서의 면모를 보여 주며 늘 활기로 가득했습니다.

　클리블랜드에서 록펠러는 새로 개교한 센트럴공립고등학교에 입학했습니다. 그는 학교 공부보다 방과 후에 클리블랜드 거리를 걷거나, 항구에 나가 수많은 배들이 드나드는 이리호를 바라보는 것을 좋아했습니다.

록펠러의 아버지는 돈을 벌기 위해 다른 도시로 돌아다니는 경우가 많았습니다. 그러다 보니 장남인 록펠러가 가장 노릇을 해야만 했어요. 아버지는 미국에 서부 개척 바람●이 불자 새로운 사업을 찾아 서부로 달려갔습니다. 항상 일확천금을 꿈꾸며 새로운 사업에 도전했으나 성공하는 예는 거의 없었지요. 어느 날 서부로 간 아버지가 무일푼이 되어 오도 가도 못한다는 소식이 집으로 날아들었습니다.

아버지의 사업 실패로 집안은 더욱 가난해졌습니다. 클리블랜드는 신흥 상업 도시로 대부분의 학생들이 부유한 가정 출신이었습니다. 그러나 록펠러는 집안 형편이 어려워 먹고살기조차 힘들었으므로, 초라한 옷을 입고 학교를 다녀야 했어요. 그

● **서부 개척 바람** 미국에서는 독립전쟁이 끝난 후 많은 사람들이 로키산맥 너머의 미개척 지역인 서부에 관심을 가지면서 서부 개척 바람이 불기 시작했어요. 주로 아메리카 원주민이 살던 그곳에는 넓은 대지와 금광이 있었기 때문이죠. 많은 사람들이 부자가 되기 위해 서부로 갔지만 록펠러의 아버지처럼 실패한 사람이 더 많았어요.

것이 무척 부끄러워 전체 학급 사진을 찍을 때면 일부러 핑계를 대고 빠져나오곤 했습니다.

그럴 때마다 록펠러가 달려가는 곳은 바로 이리호의 항구였습니다. 호수 주변에는 조선소를 비롯하여 제철소, 제분소, 제재소 등 각종 공장과 창고들이 즐비했습니다. 화물선에서 짐을 싣고 내리는 부두의 현장은 늘 사람들의 활달한 모습을 볼 수 있어 즐거웠어요.

밤이 될수록 부두는 더욱 활기를 띠었습니다.

록펠러는 그런 부두의 풍경을 바라보며 자신의 미래를 설계했습니다. 마음속으로 언젠가는 10만 달러(약 1억여 원)를 버는 부자가 되겠다고 결심했습니다.

그래서 록펠러는 아르바이트를 하기로 마음먹었습니다. 때마침 항구 근처 상점에서 아르바이트 점원을 뽑고 있어 지원해 들어갔어요.

록펠러는 학교 수업을 마치기가 무섭게 상점으로 달려가 열심히 일했습니다. 과일 박스도 나르고, 상점의 판매대를 정리하는 일도 했습니다.

어느 날, 판매대를 정리하기 위해 사다리를 타고 높은 곳에 올라갔다가 록펠러는 호주머니에 넣어 두었던 수첩을 떨어뜨렸습니다. 그것을 같이 일하던 동료 점원이 주워 펼쳐 보았어요.

"얘들아, 이것 봐라. 쩨쩨하게 별걸 다 적어 놓았다. 빵 두 개, 펜촉 하나, 성냥 한 갑…… 뭐 이런 것까지 다 적어 놓았냐?"

그 점원은 록펠러가 깨알같이 적어 놓은 수첩의 내용을 소리 내어 읽으며 재미있다는 듯 킬킬거렸어요.

그러자 다른 점원들까지 모여들어 록펠러를 놀려댔습니다.

"야, 사내자식이 이게 뭐냐? 이런 거 적는다고 뭐 이득될 게 있겠냐?"

또 다른 점원이 록펠러에게 빈정대는 어투로 말했습니다.

"비록 적은 돈이지만 용돈 내용을 잘 정리해 두면 낭비를 줄이고 절약하는 마음이 생기게 돼. 이렇게 절약해서 모은 돈을 저축해 두면, 나중에는 큰돈이 될 수 있어. 그래서 꼼꼼하게 기록하는 거야."

"그렇게 모은 용돈으로 한 달에 얼마나 저축할 수 있는데?"

한 점원이 비실비실 웃으며 물었습니다.

"적어도 한 달에 3달러는 저축할 수 있어."

"겨우? 그렇게 1년을 모아 봤자 36달러밖에 더 되니? 어느 천 년에 큰돈을 모으겠니?"

"36달러가 적은 돈 같지만, 모이면 무시 못해. 두고 봐. 나중에 그 돈으로 어떻게 큰돈을 버는지 보여 줄 테니."

록펠러는 자신 있게 말했습니다.

"짜아식! 큰소리는? 그래, 한번 잘해 봐라!"

점원들은 록펠러에게 용돈기입장을 팽개치듯 던져 주고는 각자 일하던 곳으로 돌아갔습니다.

그로부터 약 1년이 지난 어느 날이었습니다. 캐나다 상인이 이리호를 통해 뗏목으로 목재를 실어 왔는데, 건축 자재 값이 폭락하여 잘 팔리지 않았습니다. 이때 록펠러는 1년 동안 모아 둔 돈 36달러로 목재를 사두었습니다.

물건은 언제나 값이 오르고 내리고를 반복한다는 걸 이미 알고 있었지요. 그로부터 몇 개월 안 되어 항구에 큰 건물들이 들어서는 대형 공사가 벌어져 목재 값이 엄청나게 뛰었습니다.

록펠러는 36달러에 사둔 목재를 100달러에 팔았습니다. 그것을 보고 상점에서 같이 일하던 점원들은 눈이 휘둥그레졌습니다.

"기적 같은 일이 일어났군!"

록펠러에게 핀잔을 주던 점원이 감탄했습니다.

"이건 기적이 아니고 현실이야. 기적은 노력 없이 이루어지지만, 나는 노력을 통해 적은 돈을 가지고 큰돈을 만든 거라고."

이러한 록펠러의 말에 누구도 반론을 제기하지 못했습니다. 모두들 감동한 표정과 부러운 시선으로 그를 바라보았습니다.

# 나의 꿈은 사업가

고등학교 시절 록펠러는 친구가 별로 없어 항상 외로웠습니다. 주변의 대부분이 부잣집 아이들인데다, 집안이 가난했기 때문에 그들과 어울리지 못했습니다.

그속에서 유일하게 친하게 지낸 남자 친구로는 한나가 있었습니다. 그리고 여자 친구로는 로라 셀리스티아 스펠먼과 친했습니다. 경영 과목을 함께 공부하면서 가까워졌죠.

로라는 록펠러보다 두 살 어렸는데, 아버지가 오하이오주 의회의 의원을 지낸 사업가의 딸이었습니다. 집안도 부자이고 검은 머리에 갈색 눈을 가진 그녀는 아름다움 그 자체였습니다.

피아노도 잘 치며 노래 솜씨 또한 뛰어나 남학생들의 인기를 독차지했습니다.

그래서 처음 록펠러는 로라와 친하게 지내고 싶었지만, 적극적으로 자기 마음을 표현하지 못했습니다. 자신의 집안이 로라의 집안에 비해 경제적으로 너무 차이가 난다는 사실 때문에 늘 주눅 들어 있었기 때문입니다.

그런데도 로라는 록펠러를 남다르게 생각했습니다. 가난한 아이지만 자존심 강하고 큰꿈을 가진 학생이라 여겨졌기 때문입니다. 특히 경영 과목을 배울 때 다른 학생들에 비해 월등한 시험 성적을 보여 주곤 했어요.

두 사람은 언제부턴가 자연스럽게 서로 편지를 주고받는 사이가 되었습니다. 이렇게 되자 로라를 은근히 좋아했던 다른 남학생들은 그녀와 친하게 지내는 록펠러를 내심 부러워했습니다.

록펠러의 친구인 한나 역시 로라를 남모르게 좋아했지만, 겉으로는 내색하지 않았습니다. 그러면서도 마음속으로는 무엇 때문에 로라가 가난한 집 아들인 록펠러를 좋아하는지 이해할 수 없었어요.

어느 날 록펠러는 이리호 항구에서 로라를 만났습니다. 막 어둠이 내리는 저녁이었고, 항구의 불빛이 물속에 거꾸로 비쳐 스펙트럼처럼 아름다운 밤 풍경을 보여 주고 있었습니다.

"이 항구, 정말 아름답지? 나는 저 불빛들이 너무 좋아. 이곳은 밤에도 낮처럼 열심히 일하는 사람들이 많거든."

록펠러는 자랑스럽게 말했습니다.

"존, 넌 이다음에 커서 어떤 사람이 되고 싶니?"

"응, 나는 10만 달러의 가치를 지닌 사람이 되고 싶어."

록펠러는 망설임 없이 대답했습니다.

"수첩에 용돈 사용 내역까지 꼼꼼하게 숫자로 적더니, 꿈도 숫자로 얘기하는구나?"

"응, 난 뭐든 확실한 걸 좋아해. 목표가 뚜렷해야 실천에 옮길 수 있거든."

록펠러의 자신감 넘치는 표정을 로라는 감탄의 눈으로 쳐다보았습니다.

"존, 나는 너의 그런 점이 맘에 들어. 너는 반드시 이 다음에 큰 사업을 일으켜 커다란 부자가 될 거야."

로라의 말은 거의 확신에 차 있었습니다.

"그래, 나는 장차 사업가가 될 거야. 그래서 대학 진학은 포기하기로 했어. 사업을 빨리 시작하고 싶은 마음 때문에, 대학에 가서 공부하는 시간도 아깝다고 생각하고 있거든."

록펠러는 당당하게 말했습니다. 사실 집안이 가난해서 대학에 진학하기도 어려운 형편이었지만, 그러한 자신의 처지가 친구들에게 부끄러운 일이라고는 생각지 않았습니다. 뿐만 아니라 집안이 부유했다 하더라도 자신은 대학 진학보다 사업 쪽을 택했을 것이라고 생각하고 있었습니다.

그로부터 몇 달 후 록펠러는 고등학교를 졸업하자마자 곧바로 사업가의 길을 갈 준비를 하였고, 로라와 한나는 대학 진학을 했습니다.

경리 업무로
첫 직장 생활 시작

고등학교를 졸업한 록펠러는 일단 사업가의 길을 가기 전에 취직을 먼저 해 경험을 쌓기로 했어요. 그러나 일자리가 마음먹은 대로 쉽게 구해지지 않았습니다.

장차 사업을 하려면 일단 큰 회사에 들어가 많은 것을 배워야 할 것 같아 철도 회사, 조선소, 은행 등을 찾아다녔으나 사무직일 경우 대부분 대학 졸업자를 원했습니다. 더구나 고등학교를 갓 졸업한 소년을 사무직으로 채용하려는 곳은 거의 없었습니다.

매일 그렇게 취직도 안 된 채 다리품만 팔고 다니자, 어느 날 아버지가 록펠러에게 말했습니다.

"존아, 우리 시골로 내려가자. 옛날처럼 농장 일을 하면서 살자꾸나."

그 무렵 록펠러의 아버지는 오랜 방랑으로 도시 생활에도 지쳐 있던 차라 시골로 내려가 농장을 경영하고 싶어 했습니다.

"조금만 기다리면 곧 취직이 될 거예요."

록펠러는 죽어도 시골에 내려가 농장 일을 하고 싶지는 않았습니다. 그래서 아버지가 시골로 가자고 했을 때 가슴이 철렁 내려앉는 기분이었습니다.

그때부터 록펠러는 큰 회사에 대한 욕심을 버리고, 작은 회사를 찾아다니기 시작했습니다. 일자리를 먼저 구하는 것이 시급했기 때문입니다.

작은 회사의 일자리도 그리 쉽게 구해지진 않았습니다. 숱한 거절을 당하면서 그는 더욱 강해졌습니다. 쇠도 망치로 많이 두드려야 단단해지는 것처럼, 그도 거절을 많이 당해 보니 오히려 오기 같은 것이 생겨 어떻게 해서든 취직을 해 시골로 내려가는 일은 없게 해야겠다고 굳건하게 마음먹게 되었습니다.

'비가 온 뒤에 땅이 더 굳는다' 는 말처럼, 록펠러는 거절을 많이 당할수록 강한 사람이 된다고 생각했습니다. 거절을 많이 당하면서 또 하나 배운 점이 있다면 자신을 떳떳하게 소개하여 상대를 설득시키는 방법을 터득한 것입니다.

그래서 록펠러는 자신을 소개할 때마다 상대의 눈을 똑바로 쳐다보고 자신 있게 말하는 것이 무엇보다 중요하다고 생각했습니다. 부끄러운 마음에 상대의 눈을 제대로 쳐다보지도 못하고 자신감 없이 말하는 사람에게 일자리를 줄 리 만무하다는 것을 뒤늦게야 깨달은 것이죠.

그러던 어느 날, 록펠러는 '휴이트 앤드 터틀'이라는 간판을 내건 곡물 위탁 판매 회사●의 문을 두드렸습니다. 사장이 그의 이력서를 들여다보며 물었어요.

"자넨, 무엇을 잘할 수 있는가?"

"경리 업무를 맡으면 잘할 자신이 있습니다."

록펠러는 사장의 눈을 똑바로 쳐다보며 당당하게 말했습니다.

● **위탁 판매 회사** 상품을 만든 사람이나 소유한 사람이 직접 팔지 않고 다른 사람에게 대신 팔도록 하는 것을 의미해요. 록펠러가 입사한 '휴이트 앤드 터틀'은 농장 주인이나 농부들로부터 곡물을 받아 대신 팔아 주는 대가로 얼마간의 돈을 받는 회사인 거죠.

회사에 들어가 제대로 배우고 싶은 것이 바로 경리 업무였으므로 주저없이 대답했습니다.

경리 파트의 일을 하게 되면 돈의 흐름을 잘 알게 되어 그 회사의 돌아가는 형편을 진단할 수 있기 때문에, 록펠러는 앞으로 큰 사업을 하려면 경리 업무부터 꿰고 있어야 한다고 생각했습니다.

"당돌한 청년이군. 하지만 회사 다닌 경험이 전혀 없는데 어찌 자네가 경리 일을 잘한다고 말하는가?"

사장은 상대가 어떻게 나오나 살펴보려고 더욱 꼬치꼬치 캐물었습니다.

"저는 장부 정리에 자신이 있습니다."

록펠러는 늘 주머니에 가지고 다니던 용돈기입 수첩을 꺼내 사장에게 내밀었습니다. 그 스스로도 전혀 생각하지 못했던 발상으로, 건네고 나서 오히려 자신이 더 놀랄 정도였습니다.

"음, 용돈 쓴 것을 아주 꼼꼼하게 기록했군."

록펠러를 쳐다보던 사장의 눈길이 달라졌습니다.

"이렇게 꼼꼼하게 기록하니, 전혀 기록하지 않았던 때와 어떻

게 다르던가?"

"용돈을 꼭 필요할 때 쓰게 됩니다. 한꺼번에 쓰지 않고 나누어 쓰게 되므로 균형 있는 용돈 관리를 할 수 있습니다. 또 자연히 불필요한 지출을 하지 않으므로, 돈을 절약해 저축도 할 수 있어 좋습니다."

"자넨, 합격이야. 내일부터 당장 출근하도록 하게."

록펠러는 뛸 듯이 기뻤습니다. 비록 작은 회사였지만, 자신의 가능성을 알아주는 사장이 있다는 것이 마음에 들었습니다.

1855년 9월 26일은 록펠러가 생애 처음으로 직장에 출근한 날이었습니다. 그날을 스스로 '직장의 날'로 정하고, 자신의 두 번째 생일이라고 생각했습니다. 첫 번째 생일은 그가 이 세상에 실제로 태어난 날이고, 두 번째 생일은 직장인이 되어 사회에 첫발을 내딘 날이기 때문입니다.

# 돈의 가치보다
일의 소중함을 깨닫다

　록펠러는 어려서부터 용돈 적는 습관을 지녔기에 첫 직장인 '휴이트 앤드 터틀' 회사에 들어가 경리를 보면서도 어렵지 않게 일에 적응해 나갈 수 있었습니다.

　매일 아침 6시 30분에 출근해서 밤 10시가 넘어서야 퇴근을 했는데, 곡물 위탁 판매 회사라 취급하는 종류가 많은 데다 거래처 또한 다양해서 장부를 정리하는 일이 아주 복잡했습니다. 그러나 록펠러는 산더미처럼 쌓인 서류를 꼼꼼하게 살펴보며 회계 장부를 정리하는 데 심혈을 기울였습니다.

　그는 회사의 일이 곧 자기 일이라고 생각했습니다. 왜냐하면

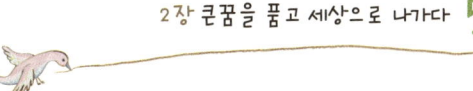

복잡한 회계 장부를 정리하다 보면 노하우가 생겨 자기 인생의 회계 장부를 정리하는 일도 자연스럽게 터득할 수 있기 때문이었습니다. 따라서 록펠러는 회사 장부 정리에만 노력을 기울인 것이 아니라, 오래도록 써 온 자신의 용돈기입장도 더욱 열심히 기록하여 앞으로 전개될 자기 인생의 설계도를 작성하는 자료로 삼았습니다.

그는 작은 수치 하나라도 놓치지 않고 메모하려 노력했습니다. 그러다 보니 숫자가 맞지 않으면 퇴근할 수가 없었지요. 계산이 틀리면 다시 영수증과 계산서를 하나하나 장부와 비교했습니다. 작은 것 하나하나가 중요하다는 사실을 알고 있었기 때문에, 대충 그냥 넘어갈 수가 없었던 것입니다.

저녁 6시면 퇴근해도 되는데, 굳이 밤 10시까지 남아 일했던 것도 바로 그러한 이유 때문이었어요. 장부 기록상 1센트, 1달러가 맞지 않을 경우 그 원인을 찾아내 반드시 바로잡아야만 했던 것입니다. 그 원인은 대부분 계산 착오에 있었으므로, 영수증과 계산서를 다시 처음부터 꼼꼼하게 확인해 보는 방법밖에 없었어요.

그렇게 록펠러는 열심히 일했지만 입사한 후 3개월 동안 월급 한 푼 받지 못했습니다. 사장은 그 기간을 수습 기간으로 정하고, 실컷 일만 시켰던 것입니다.

록펠러가 정식으로 월급을 받기 시작한 것은 그 다음해 1월부터였습니다. 그런데 월급은 그의 기대에 훨씬 못 미쳤습니다. 그것은 당시 막노동을 하는 인부들 수준보다도 못한 금액이었어요. 첫 월급을 받은 후 너무 실망한 나머지 록펠러는 수첩에다 다음과 같이 적었습니다.

밤 10시까지 일하지 말고 일찍 퇴근하자.

그러나 록펠러는 장부 정리하는 일을 남겨 두고 일찍 퇴근한다는 것은 자기 자신에 대해서도 불성실한 태도임을 곧 깨달았습니다. 며칠 후 그는 수첩에 다음과 같이 다시 적었습니다.

더 이상 이따위 맹세는 하지 말자.

록펠러가 마음을 고쳐먹은 것은 일에 대한 소중함을 새삼 깨달았기 때문입니다. 일을 하면 반드시 그 수고에 대한 대가로 돈을 받게 되는데, 그것은 다만 겉으로 드러난 금액일 뿐입니다. 월급보다 더 많은 것을 얻게 되는데, 그것은 경험이라는 소중한 가치였던 것이죠.

대부분의 사람들은 일을 할 때 월급의 액수로 그 가치를 따지려 하는데, 사실은 경험이야말로 돈으로 따질 수 없는 더 소중한 가치임을 비로소 알게 된 것입니다.

경리 일을 제대로 하려면 일부러 돈을 내고 부기● 학원에 다니는 등 따로 돈을 지불해야 했습니다. 그러나 록펠러는 그런 돈을 들이지 않고도 실무 경험을 통해 제대로 된 부기 공부를 하게 된 것입니다. 그래서 그는 비록 월급은 적지만 그런 기회를 준 사장에게 진정으로 고마움을 느꼈습니다.

"매일 일을 할 수 있다는 것만으로도 얼마나 고마운 일인가?"

고등학교를 졸업하고 취업을 위해 뛰어다녔던 몇 달간의 고

● **부기** 회계 장부에 회사의 자본과 가치 변동을 일정한 방법으로 계산하여 기록하는 것을 말해요.

통을 생각하자, 매일 출근하는 직장을 갖고 있다는 것에 남다른 자부심까지 샘솟았습니다.

록펠러는 회사 장부 이외에 개인 장부를 쓰는 데도 게을리하지 않았습니다. 이것은 자기 돈을 관리하는 장부로 앞으로 그 자신의 인생을 엮어 나가는 데 기초가 되는 정신적 토대를 마련하기 위한 것이었어요. 결국 두 가지 모두 그의 미래에 대한 꿈을 실현시키는 '장부 쓰기'라고 할 수 있었습니다.

1센트, 1달러의 오차도 없이 기록하는 회사 장부를 쓸 때와 마찬가지로, 자신의 돈을 관리하는 장부를 쓸 때도 교회 헌금부터 자잘한 생활용품 구입비까지 세세한 품목을 모두 기록했습니다.

그렇게 마음을 새롭게 한 후, 어느덧 취직한 지 3년이 지났습니다. 록펠러는 좀 더 규모가 큰 직장을 알아봐야겠다고 생각했습니다. 왜냐하면 그는 이제 회계 장부 쓰는 실력이 크게 늘어, 오히려 자신이 다니는 곡물 위탁 판매 회사의 자금이나 거래 규모가 작아 보였습니다. 그보다 더 큰 회사의 회계 장부도 척척 소화할 수 있다는 자신감이 생긴 것입니다.

지식 창고

 용돈으로 경제를 익혀요

어린이 여러분은 대부분 용돈을 받고 있을 것입니다. 그러나 용돈을 헤프게 쓰고 나면 용돈이 모자라서 꼭 필요할 때 쓸 수 없다는 것을 기억하세요. 용돈을 슬기롭게 사용하려면 다음을 생각하세요.

❶ **계획을 세웁니다**
다음번 용돈을 받을 때까지 용돈을 언제 무엇에 사용할지 꼭 미리 정해 둡니다. 계획을 세우지 않으면 금방 용돈을 다 써버려서 아주 곤란하게 됩니다.

❷ **꼭 써야 할 것인지 생각합니다**
어떤 물건을 봤을 때 바로 사거나 하지 말고 꼭 다시 한 번 생각합니다. 어떤 물건이 지금은 꼭 갖고 싶더라도 하루만 지나면 별로 갖고 싶지 않을 때가 많이 있습니다. 비슷한 물건이 집에 또 있는지, 얼마나 자주 사용할 물건인지 한 번 더 생각하는 습관을 들이도록 합니다. 용돈을 집에 두고 다니면 물건이 필요할 때 바로 살 수 없어서 한 번 더 생각하는 습관을 들일 수 있습니다. 용돈은 꼭 집에 두고 다니도록 합니다.

❸ 용돈기입장을 만듭니다

어머니가 가계부를 쓰듯이 어린이는 용돈기입장을 반드시 만듭니다. 용돈기입장에는 얼마를 받았는지, 언제 얼마를 썼는지, 남은 돈이 얼마인지가 기록되어 있어야 합니다. 그리고 용돈기입장에 용돈 일기를 쓰는 것이 가장 중요합니다. 용돈을 계획대로 썼는지, 모자랐는지, 남았는지, 그리고 왜 그렇게 되었는지를 적어서 다음에는 계획에 맞추도록 합니다.

날짜	내용	수입			지출			잔액
		용돈	번 돈	기타	저축(S)	기부(O)	소비(S)	
	합계							
	이달 남은 돈							

❹ 저축을 합니다

용돈을 매번 모두 쓰지 말고 꼭 미리 얼마라도 저축하도록 합니다. 저축해 두면 나중에 돈을 많이 써야 할 일이 생겼을 때 사용할 수 있고, 남을 도울 수도 있습니다.

❺ 부모님께 감사합니다

우리가 받는 용돈은 모두 부모님이 힘들게 번 돈입니다. 회사에 나가거나 사업 등, 열심히 일을 해서 받은 대가를 여러분에게 나누어 준 것이 바로 용돈입니다. 용돈을 받을 때 부모님에게 감사한 마음을 가지면 용돈을 낭비하지 않을 것입니다.

 ## 꿈에 그리던 첫 사업 시작

록펠러가 다른 회사를 알아보려고 할 바로 그 즈음에, 다른 위탁 판매 회사에서 경리로 일하고 있던 모리스 클라크가 그에게 새로운 제의를 해왔습니다.

"다른 취직자리 알아볼 필요도 없이, 우리 이 기회에 동업으로 위탁 판매 회사를 하나 만들자."

클라크는 록펠러보다 나이가 열두 살이나 많았습니다. 그동안 같은 업종의 회사에서 일을 하며 지켜본 결과 록펠러가 나이에 비해 똑똑하고 회계 장부를 쓰는 데 있어서도 빈틈이 없다는 것을 알고 동업을 제안한 것입니다.

"좋습니다. 그러나 무슨 돈으로 회사를 차리나요?"

록펠러는 클라크의 동업 제의에 흔쾌히 찬성했습니다.

"우리 각자가 2,000달러 정도씩 내면 작은 회사를 차릴 수 있을 거야."

클라크의 말에 록펠러는 난감할 수밖에 없었습니다. 자신의 통장엔 현재 800달러밖에 들어 있지 않았기 때문이죠. 동업 자금으로는 1,200달러가 더 있어야 하니, 턱없이 부족한 금액이 아닐 수 없었습니다.

그때 록펠러는 전부터 아버지가 자식들에게 스물한 살이 되면 1,000달러씩 재산을 분배해 주겠다고 한 말이 떠올랐습니다. 아직 그 나이가 되지는 않았지만, 미리 받을 수 있다는 희망을 갖고 아버지에게 가서 사정 얘기를 하며 사업 자금이 필요하다고 도움을 요청했습니다.

"공짜로는 안 되지. 네게 꼭 필요한 자금이라면 이자를 받고 빌려 주겠다. 앞으로 스물한 살이 되는 1년 6개월 후에 원금을 갚아야 하며, 이자는 원금의 10퍼센트다."

아버지의 말에 록펠러는 이자가 너무 비싸다는 생각을 했지

만, 당장 필요한 동업 자금을 마련할 수 있었기에 기꺼이 아버지의 조건에 동의했습니다.

"좋습니다. 그렇게 하겠습니다."

록펠러는 부자지간에 돈 빌려 주면서 이자까지 받으려는 아버지에게 조금 서운한 마음이 들기도 했으나 흔쾌히 따랐습니다.

"존, 반드시 이자를 제때에 내야 한다. 이를 어길 때는 원금을 바로 회수할 수도 있으니 그리 알거라."

아버지는 록펠러에게 돈 거래만큼은 가족 간이라 하더라도 확실하게 해야 한다는 점을 몸소 보여 주신 것입니다.

"네, 틀림없이 이자를 제 날짜에 꼭꼭 지불토록 하겠습니다."

아버지는 예전부터 자식들은 고생하면서 성장해야 앞으로 제대로 된 인생을 살 수 있다는 믿음을 갖고 있었습니다.

이렇게 해서 1859년 3월, 당시 열아홉 살이었던 록펠러는 클라크와 함께 이리호 부둣가에 허름한 창고를 빌려 창업을 했습니다. 사업 자금 4,000달러를 투자해 두 사람의 이름을 딴 동업 회사인 '클라크 앤드 록펠러'라는 위탁 판매 회사 간판을 내걸었던 것입니다.

　록펠러는 경리 업무를 맡았고, 클라크는 영업 현장을 뛰어다니며 거래처를 물색하고 곡물을 사들였습니다. 주로 미시간주에서는 밀을, 오하이오주에서는 콩을 사다 팔았습니다. 또 곡물뿐만 아니라 일리노이주에서는 소금과 돼지를 사다 팔았으며, 그 밖에도 어류, 석고, 대리석 등 돈이 되는 것은 무엇이든 거래를 했습니다.

　이처럼 취급 품목이 다양화되고 물량도 대폭 늘어나면서 자연적으로 매출액도 크게 증가했습니다. 많은 지역을 뛰다 보니 클라크가 미처 돌아다니지 못하는 곳이 생겼습니다. 때문에 틈틈이 록펠러가 경리 일을 보면서 현장 업무까지 맡았습니다.

　록펠러는 현장 감각을 익히기 위해 기꺼이 오하이오와 인디애나의 농장을 돌아다니며 직거래할 곡물들을 선별하는 일을 했습니다. 그러자 자연스럽게 거래처인 농장주들과도 친해지게 되었고, 그들이 진정으로 원하는 것이 무엇인지를 섬세하게 파악했습니다. 그리고 파는 사람과 사는 사람 모두에게 서로 이득이 되는 거래가 되도록 노력했습니다.

열심히 일한 결과 회사는 사업 첫 해에 4,400달러, 다음 해에 7,000달러의 흑자를 기록했습니다. 신생 회사로서는 그야말로 경이적인 기록이 아닐 수 없었지요.

위기를 기회로 만든 남북전쟁

창업 3년차에 접어든 1861년 4월에 미국의 노예 해방 운동인 남북전쟁이 일어났습니다. 전쟁은 많은 사람들에게 고통을 주는 악재이지만, 사업을 하는 사람들에겐 호재로 작용할 수도 있습니다. 사업가들 중에는 전쟁 때문에 망하는 사람도 있고 흥하는 사람도 있는데, 이것은 경영자의 안목에 따라 회사의 흥망성쇠가 좌우되는 일이기도 했습니다.

남북전쟁이 발발하자 록펠러는 잠시 갈등을 일으켰습니다. 남동생인 프랭크가 군에 입대하여 전쟁터로 나간 것처럼, 자신도 전쟁터로 나가야 한다고 생각했습니다. 그러나 첫 사업을 시작한 지 겨우 3년밖에 안 된 시점이라, 그가 없으면 회사는 문을 닫을 위기에 처해 있었습니다.

"전쟁이 났는데 어찌하면 좋겠는가?"

동업자인 클라크가 물었어요.

"저도 고민입니다."

"여보게, 존! 동생 프랭크가 군에 입대했다는 게 사실인가?"

클라크는 록펠러의 생각이 궁금했습니다.

"네, 사실입니다. 저도 군에 입대해야 하는데, 회사 때문에 망설이고 있습니다."

"전쟁이 일어났으니 일단 회사는 문을 닫는 게 좋지 않겠는가? 자칫하면 화물을 실어 나르다 전쟁의 불길에 휩싸여 몽땅 불타 버릴 위험도 있고."

클라크는 수심에 가득 차 있었습니다. 벌써 거래를 중지하고 문을 닫아 버린 위탁 판매 회사들도 많이 있었습니다.

"반대로 지금이 좋은 기회일 수도 있습니다. 경쟁 업체가 거의 없어졌으니 많은 이득을 남길 수 있지 않겠습니까? 더구나 군수 물자를 취급하면 남북의 양쪽 군으로부터 큰 수익을 올릴

수 있을 것입니다. 저는 군대 입대를 포기하고 사업에 매달리겠습니다."

록펠러는 그동안 혼자 고민하던 것을 털어놓았습니다.

"군수 물자를 취급하려면 전쟁터를 달려야 하고, 그러다 보면 도처에 위험이 도사리고 있을 것이 뻔하네. 생명을 담보로 일을 해야 한다는 말일세."

"어차피 군대에 가서 싸우나, 그 군대를 상대로 사업을 하나 전쟁터에 나가 목숨을 거는 것은 마찬가집니다. 저는 다른 사람들이 포기한 곳에 기회가 있다고 생각합니다."

"맞는 말이야."

클라크도 결국 록펠러의 말에 동의할 수밖에 없었습니다.

록펠러는 남북전쟁이야말로 호재라고 판단했습니다. 업종이 위탁 판매였으므로, 전쟁 때는 군수 물자를 취급하는 일이 돈을 벌 수 있는 최고의 수단이었지요.

군수 물자 중에는 기존에 취급하던 곡물도 중요 군량미로 활용할 수 있어 상권을 확보하는 데 큰 어려움은 없었습니다. 더군다나 다양한 품목을 취급했던 경험 때문에 군대에 필요한 어떤 물건도 능숙하게 공급할 수 있었습니다.

군수 물자 중에서도 석유는 고가로 판매되었습니다. 이때 록펠러는 남북전쟁 외에 또 다른 전쟁이 있다면 그것은 바로 '석유전쟁'이라 생각했습니다. 석유는 전쟁에서 기동력을 발휘하는 데 필수 상품이었던 것입니다.

당시 석유를 '검은 황금' 또는 '황금 기름'이라고 부를 정도로, 장사하는 사람들 사이에서는 인기 품목이었습니다. 그래서 더욱 석유 상권을 선점하기 위한 쟁탈전이 치열했습니다. 록펠러는 '석유'야말로 앞으로 자신이 집중적으로 개발해야 할 사업 분야임을 깨달았습니다. 남북전쟁이 가져다 준 또 하나의 값진 선물이 아닐 수 없었습니다.

신이 준 선물 '석유'

　남북전쟁 이전까지만 해도 미국은 일반 가정에서 집안을 밝히는 데 고래 기름을 사용했습니다. 그러나 1859년 펜실베이니아의 에디윈 드레이크 대령이 최초로 유전을 발견하면서 석유가 고래 기름을 대체하는 새로운 에너지원으로 떠올랐습니다. 특히 그로부터 2년 후에 발발한 남북전쟁 때 석유의 효용성을 인정받으면서, 차츰 산업 현장에서도 그 진가를 발휘하기 시작했습니다.

　이렇게 되자 미국 전역에서는 '오일 달러'를 벌기 위해 유전 개발에 박차를 가했습니다. 유전지대의 땅값은 하늘 높은 줄 모르고 치솟았고, 유전 개발업자들의 경쟁은 그만큼 치열해질 수밖에 없었습니다.

대부분의 사업가들이 유전 개발에 눈독을 들이고 있을 때 록펠러는 석유를 생산하는 것보다 그것을 공급하는 사업이 더 유망하다고 판단했습니다.

유전 개발은 투자 자금이 많이 들어가는 데 비해 성공할 확률이 그다지 높지 않았습니다. 그래서 과도한 투자를 했다가 석유가 나오지 않아 망하는 사업가들도 많았지요.

그러나 정유 공장을 차려 일반 소비자에게 석유를 공급하는 사업은 철도나 선박, 자동차 등의 교통망만 잘 활용하면 막대한 자금을 투자하지 않고도 큰돈을 벌 수 있었습니다. 더구나 록펠러는 기존의 위탁 판매 사업으로 유통 분야에 관해서는 어느 정도 자신감을 갖고 있었기 때문에 그 노하우를 십분 활용하기로 했습니다.

● **오일 달러** 석유가 나는 나라에서 석유의 소득세와 이권료, 판매 대금으로 받은 외화를 말해요. 주로 달러가 많아서 오일 달러라 불리지만, 달러 외의 다른 외화도 포함해서 오일 머니(oil money)라고도 한답니다.

어느 날, 동업자인 클라크가 록펠러에게 석유에 대해 잘 아는 전문가인 새뮤얼 앤드루스를 소개해 주었습니다. 소개를 받고 보니 이미 록펠러도 교회에서 만난 적이 있는 사람이었습니다.

앤드루스는 원유에서 석유를 걸러 낸 후, 그것을 다시 끓이고 농축하여 등유로 분리시키는 정유 과정에 대해 잘 알고 있었습니다. 그의 이야기를 듣고 나서 록펠러는 정유 사업의 전망에 대해 더욱 확신하게 됐습니다.

"유전 개발보다 정유 사업이 훨씬 유망합니다. 앤드루스와 우리가 공동 투자해 정유 회사를 만듭시다."

록펠러는 동업자 클라크에게 제안했습니다.

"사업 자금이 만만치 않게 들 텐데……."

"처음엔 일단 8,000달러로 시작하면 될 것 같아요."

계산이 빠른 록펠러는 앤드루스로부터 석유에 관한 이야기를 듣자마자, 이미 정유 회사를 차릴 경우 필요한 사업 자금 규모까지 파악한 것입니다.

사업 자금이 많지 않은 관계로 처음엔 몇 대의 증류기만 설치한 후 정유 사업을 시작했습니다. 당시 클리블랜드에는 뉴욕으로 가는 철도가 있었기 때문에 석유 유통에는 큰 문제가 없었습니다.

그러나 일반 가정에서까지 석유가 없으면 생활이 곤란해질 정도로 그 쓰임새가 날로 늘어나자, 새로운 석유통을 매일 사들여도 회수되는 양이 적어 늘 부족한 사태가 빚어졌습니다.

더구나 록펠러가 정유 회사를 차릴 당시만 해도 클리블랜드에만 이미 20여 개의 정유 회사들이 경쟁을 하고 있어, 석유통을 확보하기란 쉽지 않았습니다. 그러다 보니 석유통 값이 점점 비싸져, 나중에는 정유 회사보다 석유통 만드는 회사가 더 이득을 볼 정도였습니다.

고심 끝에 록펠러는 사업장 인근의 떡갈나무 숲을 사들였습니다. 동업자들이 모두 반대했지만 고집을 꺾지 않았습니다.

"석유통을 자체 제작해야 합니다. 석유통 값이 너무 비싸 정유 회사는 이득이 별로 남지 않습니다."

특히 조잡하게 만들어진 석유통 때문에 쓸데없이 석유가 새 나가는 것이 무척이나 아까웠습니다. 석유 새는 것을 막을 방법도 찾을 새 없이 정유 회사로부터 주문량이 밀려 그것을 납품하

기에도 바빴던 것입니다.

유심히 석유통을 살펴본 결과, 록펠러는 석유통을 만드는 재질인 떡갈나무 원목에 문제가 있음을 발견했습니다. 좋은 원목을 사용해야 하는데 주문량이 몰리다 보니 재질이 안 좋은 원목들까지 섞여 있었던 것입니다.

석유통 값이 비싼 것도 문제지만, 허술하게 제작된 통 때문에 석유가 새나가는 것이야말로 더 큰 낭비라는 생각이 들었습니다.

그래서 떡갈나무 숲을 사들인 록펠러는 양질의 재료를 구해 석유통을 만들었습니다. 기존에 석유통을 한 개 사는 데 드는 비용이 2달러 20센트였는데, 자체 제작을 하면서는 개당 96센트로 줄일 수 있었습니다.

자체 소유의 산에서 생산되는 양질의 원목을 가져다 쓰기 때문에 자재비가 거의 들지 않는 데다, 통을 제작하는 1급 기술자를 고용했기 때문에 싼 제작비로 더 튼튼한 석유통을 만들 수 있게 된 것이지요. 무엇보다 석유가 한 방울도 새지 않는 통을 만들어 국가적 손실을 막을 수 있었던 것이 록펠러로서는 제일 자랑스러웠습니다.

그 당시 록펠러는 석유에 거의 미쳐 있다시피 했습니다. 잠을 자면서도 걸어가면서도 오로지 석유만 생각했습니다. 회사에서도 석유 냄새에 묻혀 살았으며, 그의 장화는 늘 석유 기름으로 번들거렸습니다.

이처럼 록펠러가 석유에 미칠 수밖에 없었던 것은 정유 사업의 전망을 확실하게 내다볼 수 있었기 때문이었습니다. '석유'라는 검은 액체가 갖고 있는 강력한 에너지 파워는 그를 감동시키기에 충분했으며, 그의 가슴 저 밑바닥에 있는 열정의 심지에 불을 댕겨 주었습니다.

그 열정은 사업에 대한 강력한 의지로 나타났으며, 그 의지가 시키는 대로 사업을 크게 확장해 나갔습니다. 동업자들의 우려가 있었으나 은행 대출을 받아 가면서 무리할 정도로 사업 규모를 키워 나갔습니다. 당시 록펠러가 경영하는 정유 회사는 신용도가 아주 높아서 은행에서도 대출을 잘해 주었습니다. 그러나

● **부채** 다른 사람에게 빌린 돈, 즉 빚을 말해요. 록펠러는 정유 사업을 하기 위해 10만 달러나 빚을 진 거예요. 10만 달러는 현재 우리나라 돈으로 약 1억여 원이 넘는 큰돈이랍니다.

대출을 너무 많이 받다 보니 부채가 10만 달러에 육박했습니다.

그 와중에 록펠러는 고등학교 때부터 사귀어 온 로라에게 청혼을 했습니다. 사업도 좋지만 사랑하는 여인을 놓칠 수가 없었어요.

록펠러는 정유소에서 일하던 복장 그대로 그녀에게 달려가 마차에 태우고

드라이브를 즐겼어요. 몸과 옷에서는 온통 석유 냄새가 진동했고, 장화에도 기름기가 번들거렸습니다.

"존, 옛날에 10만 달러를 벌겠다고 했는데 사업을 해서 벌써 그런 부자가 된 거야?"

"아니, 아직 부채가 10만 달러 정도 돼."

"뭐라고?"

"사업은 원래 그런 거야. 부채도 자산의 일종이라고 생각해야 해. 은행은 회사의 신용도를 보고 우리에게 자금을 빌려 준 것이거든. 결국 신용도 현금 못지않게 중요한 자산이라는 거지. 이젠 내 목표가 바뀌었어. 10만 달러가 아니라 수백만, 수천만 달러의 큰 부자가 될 거야."

로라는 그처럼 사업에 대한 열정으로 가득한 록펠러를 좋아했습니다.

결국 록펠러의 청혼을 수락한 로라는 그녀의 집에서 교회의 목사님과 양가 식구들, 그리고 직원 몇 명만 초청한 가운데 조촐하게 결혼식을 치렀습니다.

 ## 세계로 뻗어 나간 정유 사업

록펠러는 사업에 있어, 특히 경쟁이 심한 분야의 경우 시장을 선점하는 것이 중요하다고 생각했습니다. 그래서 은행에서 무리하게 대출을 받아서라도 공격적인 사업 확장을 해야 한다고 주장했습니다.

하지만 동업자 클라크의 생각은 달랐습니다. 부채가 10만 달러에 육박하자 불만이 터져 나왔어요.

"이렇게 나가다가는 회사 망하겠네. 더 이상 사업 확장은 곤란해."

"아닙니다. 지금이 치고 나가야 할 적기입니다. 우리 회사가

클리블랜드에서 최고의 정유사가 되려면 다소 무리를 해서라도 공격적인 투자를 해야 합니다."

 록펠러는 석유 사업의 확실한 비전을 알고 있었기 때문에 은행 대출로 사업 확장을 하더라도, 나중에는 더 큰 이익을 불러 올 것이라고 설명했습니다.

 그러나 클라크는 끝까지 반대 입장을 고수했습니다. 결국 회사를 경매에 붙여 가장 높은 값을 부르는 측에 넘기는 쪽으로 의견 일치를 보았습니다. 이때 석유 전문가인 앤드루스는 록펠러의 편을 들어 주기로 했습니다.

 회사의 경매는 1865년 2월 2일에 열렸습니다. 10만 달러의 부채를 가진 회사였으므로, 클라크는 처음 가격을 낮게 불렀습니다.

 "500달러!"

 그러자 록펠러가 외쳤어요.

 "1,000달러!"

 경매는 점차 열기를 더해 1만 달러, 3만 달러, 5만 달러 등으로 올라갔습니다.

"7만 2,000달러!"

클라크가 초조한 기색으로 외쳤습니다.

"7만 2,500달러!"

록펠러는 입찰 가격을 부르는데 조금도 주저함이 없었습니다. 반대로 클라크는 너무 긴장한 나머지 얼굴이 벌겋게 달아올랐습니다.

"난 더 이상 못 부르겠네. 이제 이 회사는 존, 자네 것일세."

결국 7만 2,500달러에서 클라크는 두 손을 들고 말았습니다.

록펠러의 단독 회사가 결정되는 순간이었습니다. 그는 마음속으로 그날을 '생애 최고의 날'이라 생각했습니다.

이렇게 스물여섯 살의 나이로 록펠러는 그 개인의 정유 회사를 갖게 되었습니다. 이때 그는 회사 이름을 '록펠러 앤드 앤드루스'로 바꾸었습니다.

이때부터 록펠러는 본격적으로 사업 확장에 나섰습니다. 유전 지역과 클리블랜드 두 곳에 사무실을 열고, 또 다른 남동생 윌리엄을 입사시켜 두 번째 정유소를 열었습니다. 그 이후 정유소는 점점 늘어났습니다.

"정유 사업은 국내만 가지고는 안 된다. 세계로 뻗어 나가야 한다."

이렇게 결단을 내린 록펠러는 윌리엄을 뉴욕으로 보내 맨해튼에도 사무실을 열었습니다. 이 사무실은 석유를 외국에 수출하기 위한 교두보 역할을 했습니다. 당시 뉴욕의 항구는 세계로 통하는 무역의 대표 거점이었습니다.

록펠러는 석유의 효용성이 그만큼 크다는 것을 일찍부터 깨달았고, 시장의 크기 또한 미리 예측했습니다. 그의 정유 회사는 본격적으로 사업 확장을 한 지 얼마 되지 않아 클리블랜드에서 1위 회사로 올라섰으며, 정유량 또한 2위 업체보다 두 배나 많은 하루 500배럴을 생산해 냈습니다.

위기를 극복하고 석유왕이 되다

록펠러의 석유 사업을 더욱 견고하게 해 준 것은 유전의 발견이었습니다. 그가 한창 사업 확장에 몰두해 있을 때, 한 친구가 탄광을 인수하라고 권유했습니다.

"석탄도 석유 못지않은 사업이야. 석유는 '검은 물'이지만, 석탄은 '검은 돌'이지. 이 두 사업은 장차 에너지 산업으로 확고한 기반을 다질 거야. 시너지 효과도 그만큼 크다고 생각해."

이와 같은 친구의 말에 록펠러는 귀가 솔깃했습니다.

석유와 석탄은 형제와도 같은 사업이었습니다. 일단 석유가 미치지 못하는 낙후 지역에 석탄을 팔아 시장을 확보해 놓은

뒤, 그 시장에 점차 석유를 공급하면 다른 정유 회사보다 훨씬 먼저 시장 선점에 나설 수 있다고 판단했습니다. 그런 점에서 '시너지 효과'라는, 즉 두 가지의 유사한 사업을 통해 더 큰 이득을 올리는 그럴듯한 경제 전문 용어까지 써가며 권유하는 친구의 말에 혹했던 것이지요.

때마침 사업 확장을 위해 은행에서 대출을 받은 자금이 있었으므로, 록펠러는 친구가 소개한 탄광을 덜컥 인수했습니다. 그러나 그곳은 이미 폐광이나 다름없는 광산으로, 아무리 캐도 돌덩어리밖에 나오지 않았습니다. 석유 사업에 이미 거금을 써서 여유 자금이 없는 상태였는데, 탄광에서 나올 것이라 예상한 수익이 거의 발생되지 않자 광부들에게 줄 품삯까지 밀릴 수밖에 없었습니다.

어느 날 록펠러가 탄광에 나타났을 때 광부들은 그를 탄광 갱도 속에 가두고 밀린 임금을 지불하라고 요구했습니다. 그는 너무 괴로워서 캄캄한 갱도 안에서 한순간 자살 충동까지 느꼈습니다.

바로 그 순간, 자신이 매달릴 수 있는 것은 하나님밖에 없다고 생각했습니다. 록펠러는 갱도 바닥에 엎드려 진심으로 기도를 드렸습니다.

"하나님, 저는 지금까지 열심히 살아왔습니다. 매일 기도를 드렸고, 돈을 벌면 꼬박꼬박 십일조도 냈습니다. 그런데 왜 제게 이런 시련을 주시는 겁니까? 제게 힘을 주십시오."

이때 록펠러의 귀에 하나님의 음성이 들려왔습니다.

"때가 되면 열매를 거두리라. 한 발 더 나가라. 그리고 그곳을 더 깊이 파라."

번쩍 눈을 뜬 록펠러는 자신이 눈물을 흘리고 있다는 것을 깨달았습니다. 정말 하나님의 목소리를 들었다고 생각했습니다. 그렇게 믿을 수밖에 없었던 것이, 정확하게 어느 곳을 파라고까지 지적해 준 것입니다.

록펠러는 큰소리로 광부들을 불렀습니다.

"여기를 파 보시오. 더 깊게 파시오."

록펠러는 하나님이 지적한 곳을 가리키며 소리쳤습니다. 그는 진심으로 광부들 앞에서 눈물로 호소했습니다. 광부들은 그런 그의 모습을 보며 미쳤다고 생각했습니다.

"쳇, 어디 한번 사장이 시키는 대로 파 봅시다. 저렇게 눈물로 호소하지 않소?"

곧이어 몇몇 광부들이 갱도로 들어와 록펠러가 가리키는 곳을 파기 시작했습니다. 얼마 파들어 가지 않은 지점에서 한 광부가 곡괭이로 땅을 찍었는데 물이 콸콸 샘솟기 시작했습니다. 그것은 바로 검은 물, 석유였습니다.

"하나님, 저에게 이런 값진 석유를 선물로 주시다니 정말 감사합니다."

록펠러는 그 자리에서 검은 물을 온통 뒤집어쓴 채 소리쳤습니다. 이렇게 해서 록펠러는 세계적인 '석유왕'이 되었습니다.

# 타고난 사업가

　록펠러는 새로운 석유 정제법을 개발한 당대 최고의 엔지니어인 앤드루스와 영업력이 뛰어난 또 한 명의 인재 플래글러를 사업 파트너로 영입했습니다. 이 세 사람은 1870년 '스탠더드 오일'을 새롭게 탄생시켰으며, 이 회사는 미국 최초의 주식회사라는 기록을 세웠습니다. 주식회사는 자금 확보를 위하여 투자자들을 끌어들여 회사를 더욱 발전시킴으로써 보다 많은 이익이 투자자들에게 골고루 돌아가도록 하는 제도였습니다.

　그리고 2년 후인 1872년에 록펠러는 몇몇 동료 및 동업자들과 함께 '스탠더드 오일 트러스트'●를 탄생시켰습니다. 그는 정유 생산뿐만 아니라 석유통 제조, 운송 시설, 유조차 등 석유 관련 설비를 자체 조달하는 한편 경쟁 업체들을 인수하여 세계 최고의 석유 회사를 만들겠다는 야심을 가지고 트러스트를 결성하였습니다.

이렇게 록펠러가 아이디어를 내서 만든 트러스트 체제는 가히 성공적이었습니다. 1878년에 '스탠더드 오일 트러스트'는 연간 330만 배럴의 정유 능력을 갖추었는데, 이는 미국 전체의 정유 능력인 360만 배럴의 90퍼센트에 육박하는 것이었습니다.

이렇게 '스탠더드 오일 트러스트'가 미국 석유 산업 전반을 독점하기에 이르자, 사회 일각에서 많은 비판의 목소리가 나오기도 했습니다. 그러나 미국 사람들은 록펠러를 '석유왕' 또는 '산업계의 나폴레옹'이라 불렀습니다.

록펠러의 꿈은 여기서 그치지 않았습니다. 그는 평소 성경책을 자주 읽었는데, 어느 날 〈출애굽기〉를 읽다가 눈에 번쩍 뜨

● **트러스트** 같은 업종에서 일하는 회사들이 서로 경쟁하기보다 더 많은 이익을 얻기 위해 하나의 회사로 통합되는 것을 말해요. 석유 회사들이 서로 경쟁하면 석유의 가격은 내려가지만, 회사의 이익이 줄어들기 때문이죠. 그래서 록펠러는 다른 석유 회사를 인수해 하나의 큰 회사로 만들었어요.

이는 구절을 발견했습니다.

 갈대상자를 가져다가 역청과 나무진을 칠하고 아기를 거기 담아 나일강가 갈대 사이에 두고…….

 이 구절에 나오는 '역청'이라는 낱말에 록펠러는 한동안 혼을 빼앗겨 버렸습니다. '역청'은 영어로 '피치(pitch)'라고 하는데, 그것은 바로 석유의 일종이었어요.
"그곳에 석유가 있다. 이집트로 가야 한다."
록펠러는 혼자 흥분해서 미친 듯이 부르짖었습니다.
 그로부터 얼마 후 록펠러는 지질학자를 포함한 석유 탐사단을 이집트로 보내 현지 조사를 실시토록 했습니다. 이집트에서 지질을 조사하던 탐사단은 성경에 기록된 장소에서 엄청난 규모의 유전이 발견되었다는 소식을 보내 왔습니다.
 이는 '스탠더드 오일 트러스트'가 이집트 유전 개발로 세계 시장을 개척, 세계 최고의 석유 회사로 발돋움하는 계기가 되었습니다.

이렇듯 승승장구하는 록펠러는 늘 자신감에 차 있었습니다. 그는 석유 운송의 가장 중요한 동력이었던 철도에 불만이 많았어요. 운송비가 만만치 않은 데다 시간도 오래 걸리고, 반드시 기차 시간에 맞추어 수송을 해야 한다는 단점까지 있었습니다.

모든 아이디어는 불만으로부터 출발한다는 것을 록펠러는 너무나 잘 알고 있었습니다. '기차를 대신할 운송 수단은 없을까?' 고민하던 끝에 그는 땅속에 송유관을 묻으면 많은 양의 석유를 싼값에 운송할 수 있겠다고 생각했습니다.

그렇게 해서 1870년대 후반까지 그는 미국의 거의 모든 정유소와 송유관을 장악했습니다.

1885년에는 오하이오에서 새로운 유정이 발견되어 록펠러를 긴장시켰습니다. 오하이오주 북서쪽에 위치한 도시 리마에서 발견된 이 유정은 지금까지 개발된 유전 중 최대 규모였어

● **유정** 유전이 석유가 있는 지역 전체를 뜻하는 말이라면 유정은 석유를 뽑아 올리기 위해 판 우물을 말해요. 유전 지역을 파고 강철로 된 관을 넣을 수 있는 유정이 만들어져야 원유를 뽑아 낼 수 있답니다.

요. 그러나 다행히도 원유의 질을 분석한 결과 유황 성분이 너무 많아 실제로 사업성은 별로 없었습니다.

유황 성분은 당시의 정유 기술로는 정제되지 않았기 때문에, 그 성분이 함유된 석유를 사용할 경우 기계를 못 쓰게 만들 뿐만 아니라 그을음이 많아 집안을 밝히는 등유로도 부적합했습니다. 더군다나 냄새 또한 고약해서 싸게 판다고 해도 고객들이 찾지 않을 정도였어요.

순간 록펠러의 머리는 다른 각도에서 비상하게 돌아갔습니다.

"새로운 정유 기술을 개발하면 된다. 유황을 제거할 수 있는 기술만 확보하면 굉장한 유전이 될 것이다."

록펠러는 사업성이 거의 없어 아무도 거들떠보지 않는 리마 유전을 사들이기로 결심했습니다. 그러나 회사의 임직원들 대부분은 반대했습니다.

"회장님, 그건 무모한 투자입니다. 유황을 걸러내는 새로운 정제 기술이 없는 한 사업성은 거의 제로에 가깝습니다."

"누가 그걸 모릅니까? 그러니까 더욱 리마 유전이 나를 자극하는 겁니다. 만약 유황이 함유되지 않은 원유가 나온다고 칩시다. 그 가격이 지금보다 수십 배는 더 비쌀 것 아닙니까? 지금 사두어야 나중에 큰 이득을 볼 수 있습니다. 사업성이 없다고요? 물론 현재로선 그렇습니다. 그러나 여러분이 주장하는 그 말 속에 해답이 있다는 걸 아셔야 합니다. 문제 해결은 간단합니다. 유황을 걸러내는 정유 기술만 확보하면 우리는 엄청난 성공을 거두게 됩니다."

록펠러가 이렇게 역설했지만, 반대하던 임직원들은 그 누구도 자기주장을 철회하지 않았습니다. 유황 정제 기술을 개발한다는 것은 그만큼 어렵고 실현 불가능한 일이었기 때문입니다.

임직원들의 반대가 극심해지자, 록펠러는 아예 자기 개인 재산을 담보로 은행 대출을 받아 리마 유전을 매입했습니다.

"우리 회장이 미쳤어. 그렇지 않고서야 저 썩어서 냄새만 고약한 검은 물을 퍼 올려 어디다 쓰겠다는 거야?"

이때 록펠러는 한발 더 치고 나갔습니다.

"리마 유전의 석유를 판매할 수 있게끔 정제 기술을 개발하는 사람에겐 내 개인 돈 300만 달러를 내놓겠소. 이 세상에 불가능이란 없는 법이오."

이러한 록펠러의 말에 감동한 사람이 있었습니다. 독일계 이민자인 프라슈라는 괴짜 과학자였지요.

프라슈는 2년간의 연구 끝에 1888년 10월 리마 유전 원유에서 유황을 제거, 상품성 있는 석유로 정제하는 기술을 개발해 내는 데 성공했습니다.

이 리마 유전의 개발로 인해 미국은 석유 부족으로 전 산업이 마비될지 모를 위기에서 극적으로 탈출했습니다.

'스탠더드 오일'은 원유에서 유황을 정제해 내는 기술 특허권을 가지고 있었으므로, 유황 성분이 있는 제3의 유전까지 독점할 수 있게 되었고, 유황 성분을 정제해 만들어진 석유의 부산물인 천연가스는 스토브, 가로등, 화로 등 여러 분야에서 인기를 얻어 부대 수입까지 챙길 수 있었습니다.

최고 부자의 근검절약 정신

고등학교 시절 록펠러는 '10만 달러의 부자'가 되겠다고 결심했는데, 이미 그 목표를 훨씬 뛰어넘어 서른세 살에 백만장자가 되었습니다. 그리고 마흔세 살에는 미국 최고의 부자로, 쉰세 살 때는 세계 최대의 갑부로 명성을 날렸습니다.

이처럼 록펠러는 본인이 꿈꾼 대로 억만장자의 큰 부자가 되었지만, 근검절약하는 생활이 몸에 배어 작은 포장지까지도 재활용하는 모범을 보였습니다. 이것은 어린 시절, 신앙심이 돈독했던 어머니로부터 배운 습관이었어요.

록펠러는 세계 최고의 부자였지만 자녀들의 용돈에 관해서는

매우 엄격했습니다. 그는 자신의 아버지에게서 배운 것처럼 자녀들에게도 돈의 소중함을 일깨워 주기 위해, 반드시 스스로 일한 만큼만 용돈을 주었습니다.

예를 들어 파리를 잡으면 2센트, 연필을 손수 깎으면 10센트, 악기 연습을 하면 시간당 5센트, 채소밭에서 잡초를 뽑으면 1센트, 청소를 하면 1달러 등등, 일의 중요도에 따라 용돈을 지불했습니다.

어느 날 열 살 난 딸이 용돈이 더 필요했는지 건의를 했습니다.
"돈을 더 벌고 싶어요."
이 말을 들은 록펠러가 딸에게 말했습니다.
"매달 가스 요금을 절약한다면 그 줄어든 만큼 용돈을 주지."
그러자 딸은 매일 밤 집안을 돌아다니며 쓸데없이 켜져 있는 램프를 모조리 끄고 다녔습니다. 그러자 매달 얼마씩 가스 요금을 절약할 수 있었고, 그 줄어든 액수만큼의 돈이 딸의 용돈으로 지급되었습니다.

록펠러는 가정뿐 아니라 사회생활을 하는 데 있어서도 근검절약을 실천하며 살았습니다.

어느 날 록펠러가 비서와 함께 외출했다가 자동차를 다른 데 급히 보내는 바람에 버스를 타게 되었습니다. 지갑을 열어 보니 동전은 하나도 없고 지폐만 있었어요. 잠시 난감한 표정을 짓던 록펠러가 비서에게 말했습니다.

"여보게, 내일 아침에 갚을 테니 버스비 10센트만 빌려 주게나. 혹시 내가 내일 잊기라도 하면 반드시 빌린 돈 10센트를 달라고 하고."

"무슨 말씀을요. 그까짓 10센트를 가지고 뭘 그러십니까? 그냥 쓰세요."

그러자 록펠러가 버럭 화를 내며 소리쳤습니다.

"자넨 계산을 할 줄 모르는군! 10센트라는 돈의 가치는 1달러의 2년치 이자가 되네. 그걸 생각해야지."

비서는 그때서야 돈의 가치를 깨닫고 록펠러를 더욱 존경하게 되었습니다.

또 사업 관계상 어느 호텔에 예약을 했을 때였습니다. 그 호텔 사장은 세계 최대의 부자에게 아주 잘생기고 싹싹한 청년을 배정하며 특별히 서비스에 신경을 썼습니다.

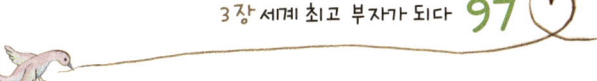

"우리 호텔 최고의 고객이니 잘 모셔야 한다. 최상의 서비스를 제공하도록 하게."

청년은 사장의 말을 듣고 정말 친절하게 서비스했으며, 록펠러는 아무 불편 없이 잘 지내다가 체크아웃을 하게 되었습니다.

"그동안 고마웠네."

록펠러는 자연스럽게 숙박비의 10퍼센트 정도를 청년의 팁으로 주었습니다.

팁을 받아든 청년은 실망하지 않을 수 없었어요. 세계 최고 부자가 주는 팁치고는 너무 적었던 것이지요. 며칠 동안 극진한 서비스를 했는데 이렇다니…… 기대에 비해 실망이 크자 프런트를 떠나는 록펠러의 뒤에다 대고 투덜거렸습니다.

"세계적인 재벌이라는 사람이 쩨쩨하게 팁이 이게 뭐야?"

청년의 혼잣말을 들은 록펠러는 이렇게 답했습니다.

"여보게, 젊은이! 자네가 일한 서비스에 합당한 팁을 받아야만 이 호텔의 정당한 직원이 되는 걸세. 내가 자네에게 팁을 더 많이 주게 되면 자네를 동정한 것밖에 안 된다네. 그렇지 않겠는가?"

록펠러의 이 말에 청년은 부끄러워 고개를 들지 못했습니다.

또 어느 날인가 록펠러는 허름한 이발관에 가서 머리를 깎은 적이 있었습니다. 이발사는 그가 세계적 부자임을 알고, 내심 엄청난 팁을 줄 거라 기대하며 정성껏 이발을 해 주었습니다.

그러나 이발 요금을 계산할 때 록펠러는 팁으로 1달러만을 주었습니다.

"회장님, 너무하십니다. 회장님 아드님도 이처럼 박하게 팁을 주지는 않을 겁니다."

"내 아들은 부자인 아버지를 두었지만, 나는 부자 아버지를 두지 못했소."

재치 있는 답변에 이발사는 그만 입을 다물고 말았습니다.

지식 창고

사업은 경제의 기본이에요

  사람은 누구나 경제 활동을 해야 합니다. 경제 활동은 어려운 것이 아닙니다. 내가 남들에게 필요한 물건을 만들어 주고, 내가 필요한 물건을 남들에게 구해 오는 모든 활동이 경제 활동입니다. 학교 앞 문구점에서 연필을 사는 것도 경제 활동인 것이죠.

  경제 활동을 하기 위해서는 누군가 물건을 팔아야 합니다. 아무도 물건을 팔지 않으면 살 수도 없으니 경제 활동이 되지 않죠. 물건을 파는 것을 사업이라고 합니다. 물건을 사고팔겠다고 나라에 신고를 하면 공식적으로 사업자가 되는 것이죠. 공식적으로 사업자가 되어서 돈을 벌면 그 돈에 대한 세금을 내는데, 이 세금을 가지고 어려운 사람을 도와주고, 길을 넓히는 등 나라도 살림을 하게 됩니다. 내용이 조금 어려우면 아래 그림을 보세요.

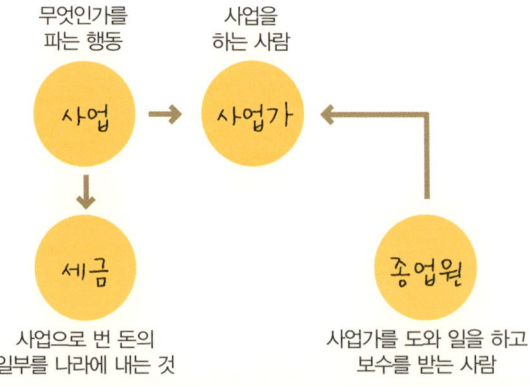

우리의 부모님들은 모두 직접 사업을 해서 돈을 벌든지 사업가를 도와주고 보수를 받습니다. 작은 가게를 하는 것도 사업이고, 큰 회사를 운영하는 것도 모두 같은 사업입니다. 결국 경제 활동은 사업에서 시작한다는 것을 이해했겠죠?

　앞에서 물건을 파는 것을 사업이라고 설명했는데, 물건을 팔지 않고 사람을 편하게 해 주는 사업이 있습니다. 그런 사업을 서비스업이라고 합니다. 세탁소, 이발소 등을 생각하면 됩니다. 세탁소에서 실제로 물건을 팔지는 않지만 편리하게 옷을 세탁해 주죠? 이발소도 마찬가지고요.

　이처럼 사업의 종류에는 여러 가지가 있는데 돈을 벌지 않고 남을 도와주기만 하는 사업도 있습니다. 자선 사업이 바로 그것이지요. 사회적으로 약자인 고아, 병자, 노인을 돕기 위해 시작된 자선 사업은 점점 그 범위를 넓혀 가고 있지요. 교육을 지원하고, 이민자를 지원하고, 부녀자를 지원하는 등 여러 계층에서 도움이 필요한 사람을 지원하고 있습니다.

　자선 사업을 하려면 돈이 필요하기 때문에 여러 독지가(남을 위한 자선 사업이나 사회 사업에 물심양면으로 참여하여 지원하는 사람)에게 기부를 받거나, 자선 사업을 하기 위해 일반 사업을 병행하기도 합니다.

　어쨌든 모든 사업은 경제를 튼튼하게 해서 모두를 잘살게 하는, 우리 경제의 뿌리랍니다.

# 주는 것에서 행복을 찾다

　세계 최고의 갑부가 되어 하루에 무려 100만 달러(10억 원 이상) 상당의 수입이 들어오는 부자였지만, 록펠러는 결코 행복하지 않았습니다. 회사 경영에서 오는 스트레스로 밤잠을 제대로 이루지 못한 것입니다.
　평소 록펠러는 잘 웃지 않는 성격이었습니다. 간혹 돈벌이가 있다는 뉴스를 들을 때만 얼굴에 반짝 미소가 떠오르곤 했습니다.
　돈에 대한 집착이 얼마나 강했는지 조금만 손해를 보아도 곧바로 앓아누웠습니다.
　이처럼 오로지 돈과 사업밖에 모른 채 30여 년간 몸을 혹사해

온 록펠러에게 어느 날 갑자기 찾아온 것은 병마였습니다. 기관지와 신경 계통에 이상이 생김은 물론, 돈 때문에 너무 고민을 하다 보니 위궤양도 앓았어요. 그러다 보니 식사를 해도 제대로 소화가 되지 않아 점점 몸이 쇠약해져 갔습니다.

어느 날 담당 주치의인 해밀턴 박사가 록펠러에게 말했습니다.

"아무래도 휴양을 다녀오는 것이 좋겠습니다."

그러나 록펠러는 눈앞에 밀려 있는 회사 일들을 놔두고 휴양을 떠날 수가 없었습니다.

"회사에 들어가면 당장 해결해야 할 일이 산더미처럼 쌓여 있습니다."

록펠러는 일을 핑계로 의사의 권고를 받아들이지 않았습니다. 그때까지만 해도 자신의 몸에 대해 대수롭지 않게 생각했던 것이지요.

해가 바뀌어 쉰다섯 살이 되었을 때 록펠러는 숙면을 취하지 못하는 데다 소화 불량까지 겹쳐 몸이 바짝 마르기 시작했습니다. 거기에다 피부병까지 얻었으며, 머리카락과 눈썹이 빠지고 몸이 오그라드는 '앨러피셔'라는 탈모증 비슷한 병에도 걸렸습

니다. 이렇게 되자 그의 모습은 하루가 다르게 노인처럼 꾸부정한 모습으로 변해 갔습니다.

　록펠러는 그런 자신의 모습이 싫었어요. 탈모가 심해지자 대머리를 감추기 위해 가발을 써야만 했습니다.

　소화 불량도 심해져 하루에 비스킷 몇 조각과 물로 연명할 정도였습니다. 결국 병원에 입원해 종합 검진을 받게 되었습니다.

　"지금 이 상태로는 1년밖에 살지 못합니다."

　검진 결과를 본 의사는 록펠러에게 사형 선고나 다름없는 선언을 했습니다.

　"내가 왜 이렇게 된 걸까?"

　록펠러는 큰 충격을 받아 혼잣말을 중얼거렸습니다.

　"과로로 인하여 면역 체계가 약해진 탓입니다. 천만다행인 것은 쓰러지기 일보 직전에 병원에 와서 위기를 모면했습니다. 조금만 더 방치했다면 사망했을 수도 있습니다. 지금 이 상태로 혼자서 몇 사람 몫의 일을 하는 것은 위험합니다."

　의사의 경고를 받고 록펠러는 눈앞이 캄캄해졌습니다.

　휠체어를 타고 복도에 나가 창밖을 무심히 바라보고 있을 때,

유난히 파란 하늘이 눈에 띄자 갑자기 슬픔에 휩싸였습니다. 지금까지 바쁘게만 살아오느라 하늘이 그렇게 푸르다는 것을 처음 안 것이지요.

눈을 돌린 후 다시 복도를 지나가는데 록펠러의 눈에 벽에 걸린 액자의 문구가 들어왔습니다.

주는 자가 받는 자보다 더 복이 있다.

그 글을 보는 순간, 록펠러는 자신의 행복에 대해 처음으로 진지하게 생각해 보았습니다. 자신은 전혀 행복하지 않았고, 지금까지의 인생이 남에게 주는 것보다 받는 것에만 몰입하며 살아온 것 같았습니다. 그는 다시 액자 속의 글귀를 올려다보며 감동의 눈물을 흘렸습니다.

그때 어느 환자의 어머니가 병원 측 관계자에게 흐느끼며 애원하는 말이 들렸습니다.

"나중에 돈을 벌어 갚겠습니다. 제발 딸아이를 입원만 시켜 주세요."

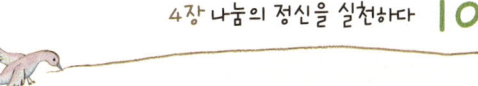

그러나 병원 관계자의 답변은 냉정했습니다.

"저도 매우 안타깝게 생각하지만, 병원 규정상 그렇게는 곤란합니다."

그때 록펠러는 병원비가 없어 입원을 하지 못하는 환자의 이름을 알아낸 후, 자신의 비서에게 전화를 걸어 비밀리에 그 환자의 입원비를 지불하라 일렀습니다.

그로부터 며칠 후 록펠러는 자신이 입원비를 지원해 수술을 받은 소녀가 건강한 모습으로 퇴원하는 뒷모습을 지켜보았습니다. 그때 그의 가슴속에서 뭉클한 행복감이 차올랐어요. 지금까지 살아오면서 이런 행복한 삶이 있는지조차 몰랐던 것입니다. 이를 계기로 새롭게 태어난 듯했습니다.

'나는 지금까지 돈 버는 일에만 집착해 왔다. 이제부터는 그렇게 번 돈을 어떻게 바람직한 곳에 쓰는가에 몰두할 것이다.'

록펠러는 이렇게 나눔의 삶을 살아야겠다고 다짐하면서 하나님께 진심을 담아 기도드렸습니다.

"하나님, 지금까지 저는 잘못 살아왔습니다. 용서해 주십시오. 부디 건강을 회복할 수 있도록 도와주십시오. 제가 이렇게 간절히 기도드리는 것은 단지 오래 살고 싶어서가 아니라, 그동안 번 돈을 세상을 위해 보람 있게 쓸 수 있는 시간을 달라는 마음에서입니다."

이렇게 개인적 차원의 나눔을 실천하다 60세가 된 1899년 이후부터 록펠러는 본격적인 자선 사업가로 변모했습니다.

자선 사업은 어려워

　병원에서 퇴원한 록펠러는 두 달간 휴식을 취하면서 허드슨 강이 내려다보이는 아름다운 언덕에 땅을 마련했습니다. 뉴욕의 금융가인 월스트리트가 있는 맨해튼에서 북쪽으로 35킬로미터 정도 떨어진 이곳을 그는 '포칸티코 힐'이라 불렀습니다.

　이곳에서 의사의 조언대로 담백한 음식을 뜨겁지 않게 조리해서 조금씩 먹었고, 간식으로는 과자와 우유를 마시며 몸을 다스렸습니다. 그러면서 의사가 건강 회복에 좋다고 권유한 자전거를 타자 차츰 몸이 좋아지기 시작했습니다.

　이렇게 일정 기간 요양의 시간을 보내고 나자 록펠러는 예전처럼 건강이 회복되었습니다. 삐쩍 말랐던 몸무게가 7킬로그램이나 늘었으며, 온몸에서 활력이 넘쳐흘렀습니다.

다시 회사에 출근하게 된 록펠러는 회사 일을 하나하나 임원들에게 넘기는 작업부터 시작했습니다. 이는 경영 일선에서 물러나 자선 사업에 몰두하기 위한 준비 작업이었어요.

그러면서 록펠러는 엄청난 규모의 독립적 자선 사업을 할 수 있는 조직을 갖추는 데 온 힘을 기울였습니다. 때마침, 미국의 '철강왕'으로 명성이 드높았던 앤드루 카네기가 전 세계에 2,800개의 도서관을 만들어 기증하자, 록펠러는 카네기에게 진심 어린 축하 메시지를 보냈습니다.

> 부자로서 이번에 당신이 한 일은 나 또한 할 수 있는 일들입니다. 하지만 당신이 보여 준 자선 사업은 분명히 많은 이들에게 귀감이 되어 좋은 열매를 맺을 것입니다.

처음 자선 사업을 시작했을 때는 도와 달라고 찾아오거나 편지를 보내 온 사람들에게 자선기금을 선선히 내놓았습니다. 그러자 그 소문을 듣고 1주일에 무려 1만 5,000통 이상의 편지가 날아들었어요.

꼼꼼하고 부지런한 록펠러라 해도 그 많은 사연을 모두 읽고 일일이 도와줄 사람이나 단체를 골라낸다는 것은 쉬운 일이 아니었습니다. 그때 그는 체계적인 자선 사업을 벌이려면 아이디어 풍부한 책임자가 필요하다는 것을 절실히 깨달았습니다.

그래서 자선 사업의 협력자로 찾아낸 사람이 프레드릭 T. 게이츠 목사였습니다. 시카고대학 후원을 위해 결성된 모임에서 처음 만난 후, 록펠러는 사무실로 그를 초청해 정중히 부탁했습니다.

"자선 사업에도 아이디어가 필요합니다. 나는 지금 자선 사업을 펼치려고 하나 아이디어가 많이 부족합니다. 게이츠 씨, 당신은 명석하고 논리적이며 활달한 성격을 갖고 있습니다. 내 자선 사업 파트너가 되어 주십시오."

그로부터 석 달 후 게이츠는 록펠러가 벌이는 자선 사업의 총책임자가 되었습니다.

그런데 게이츠가 검토해 보니 그동안 너무 즉흥적으로 자선

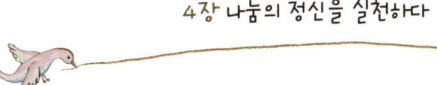

활동을 벌여, 크게 가치가 없는 곳에 자금을 주거나 사기를 당한 경우가 적지 않았어요. 이를 개선하기 위한 방안으로 직접적인 기부를 없애고, 간접 기부 방식을 택하는 쪽으로 가닥을 잡았습니다.

"우선 회장님 이름으로 된 자선 단체를 설립하는 것이 중요합니다."

"그건 나를 너무 내세우는 것 아니오?"

록펠러는 자선 사업을 한다는 것을 자랑으로 삼고 싶지는 않았습니다.

"자선 사업은 많은 사람들에게 그 혜택이 돌아가야 합니다. 사람들에게 가장 소중한 것은 생명이라고 생각합니다. 질병은 인류에게 있어 최대의 적입니다. 의학 연구소를 설립하는 것이 어떻겠습니까?"

"좋은 아이디어로군요!"

록펠러는 게이츠의 의견을 받아들여 1901년 미국 최초의 의학 연구소인 '록펠러의학연구소'를 설립했습니다.

그리고 이를 시작으로 록펠러가 대대적으로 펼친 자선 사업은 교육이었습니다. 그는 1903년 일반교육위원회(GEB)를 창립해, 1,400여억 원의 기부금을 많은 학교에 나누어 지원했습니다. 특히 종합 대학 스물네 곳에 집중적으로 후원했는데 존스홉킨스대학, 예일대학, 하버드대학, 컬럼비아대학, 시카고대학 등 미국 유수 명문 대학들이 모두 포함되어 있었습니다.

사람들에게 희망을 되돌려주다

1911년 록펠러는 사업에서 일체 손을 떼고 은퇴를 선언, 요양 생활을 했던 '포칸티코 힐'에 머물며 휴양의 나날을 보냈습니다. 그런데도 그의 재산은 눈덩이처럼 불어나 자선 사업의 총 책임을 맡고 있던 게이츠로부터 편지가 날아왔습니다.

회장님의 재산은 눈덩이가 불어나듯 엄청난 속도로 불어나고 있습니다. 걷잡을 수 없을 정도여서 걱정입니다. 돈이 불어나는 속도보다 더 빨리 나누어 주셔야 합니다. 그렇지 않으면 회장님은 물론, 회장님의 자녀분들, 그리고 손자의 손자까지 재산에 치여 죽을지도 모릅니다.

　　은퇴한 록펠러는 오랜만에 휴식을 즐기려고 했는데 할 일이 또 많아졌습니다. 전에는 돈을 버느라 바빴지만 이제는 돈을 쓰는 일로 바빠진 것이지요.
　　어느 날인가는 자신이 시카고대학에 기탁한 돈이 휴식을 취하고 있다는 소식을 듣게 되었습니다.
　　"돈이 놀고 있으면 안 되지. 6퍼센트의 이자로 시카고대학의 돈을 다시 빌려 오게."
　　"회장님, 일부러 그러실 필요까지야 없지 않습니까?"
　　소식을 들은 게이츠가 록펠러에게 물었습니다.
　　"아닙니다. 난 돈이 그냥 놀고 있는 것을 보고만 있을 수 없습니다. 돈은 회전시키라고 있는 것이지요. 시카고대학은 그 방법을 몰라 돈을 놀렸지만 나는 회전시키는 데 있어 전문가 아닙니까? 주식에만 투자를 해도 그 이자 이상 건질 수 있으니 손해 볼 일은 없지요."
　　록펠러의 말을 들은 게이츠는 그가 정말로 돈의 가치를 제대

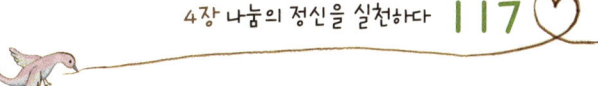

로 알고, 그 쓰임을 활용할 줄 아는 진정한 사업가라며 감탄해 마지않았습니다.

1913년 록펠러는 세계를 통해 인류의 복지를 증진한다는 목적을 갖고 자신의 이름으로 된 '록펠러재단'을 설립했습니다. 그리고 2년 후 그의 아내 로라가 일흔여섯의 나이로 세상을 떠나게 되었어요. 당시 임종을 보지 못한 그는 무척 상심하여 눈물을 흘렸으며, 엄청난 돈을 기부해 아내 이름으로 된 '로라 스펠먼 록펠러 재단'을 따로 만들었습니다. 이 재단은 주로 교회와 선교사를 후원했으나, 나중에 '록펠러재단'에 합병되었습니다.

록펠러는 합병된 두 재단에 그의 전 재산 중 절반에 해당되는 천문학적 금액을 기부했습니다. 그리고 그는 외아들인 록펠러 2세에게 나머지 재산을 상속해 주었습니다.

이때 록펠러는 아들에게 단순한 유산 상속자가 아니라 동료 자선 사업가임을 알아야 한다는 내용의 쪽지를 남겼습니다.

내 아들이 인류의 행복을 위해 재산을 쓰기를 원한다.

록펠러 2세는 아버지 록펠러가 구십 세 생일을 맞았을 때, 롤스로이스 승용차를 한 대 선물하려고 했습니다.
"네 성의가 고맙구나. 그러나 나는 지금 가지고 있는 승용차로 만족한다. 그 돈을 내게 현금으로 주면 안 되겠니?"
록펠러의 생각을 들은 아들은 아버지에게 롤스로이스 값을 현금으로 내놓았습니다. 그러자 록펠러는 그 돈을 곧바로 자선 단체에 기부했습니다.

노년에 이르러서까지도 록펠러는 돈을 버는 데 있어 천재적 머리를 가지고 있었기 때문에, 별것 아닌 작은 일에서도 돈의 흐름을 파악하는 순발력을 발휘했습니다.
어느 날 록펠러가 거리를 걷다가 약속 시간이 좀 남아서 구두를 닦게 되었습니다. 그때 구두닦이는 저 혼자 좋아서 싱글벙글 입을 다물 줄 몰랐습니다.
"젊은이는 무엇이 그리 즐거운가?"

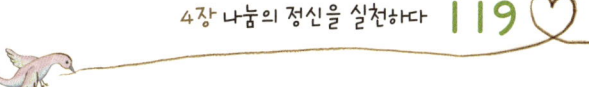

"네, 제가 요즘 주식을 좀 하거든요. 그 수익이 짭짤합니다. 구두 백 켤레를 닦는다 해도, 단번에 주식으로 챙기는 수익보다 못합니다. 그러니 즐거울 수밖에요. 이렇게 구두를 닦는 순간에도 주가는 계속 오르고 있으니까요."

그 구두닦이의 말을 듣는 순간, 록펠러는 문득 깨달은 바가 있었습니다.

그래서 그날 바로 자신이 가지고 있던 주식을 모두 팔았습니다. 구두닦이까지 주식에 투자할 정도로 주식 시장이 호황이라면 반드시 불황이 닥쳐 올 것이라 예상했던 것이지요.

그런데 정말로 그로부터 얼마 후인 1929년 10월 24일 뉴욕 증시 대공황이 일어나 주식이 폭락했습니다.

예견대로 주식이 반 토막 나고 세계 경제가 침체의 늪에 빠지자, 록펠러재단 홍보 담당자가 록펠러를 찾아왔습니다.

"회장님, 뉴욕 증시의 붕괴로 많은 사람들이 고통을 받고 있습니다. 그들에게 희망과 용기를 줄 수 있는 아이디어가 제게 있습니다."

"그것이 무엇인가?"

그 순간, 노인답지 않게 록펠러의 눈은 반짝반짝 빛났습니다.

"회장님께서 직접 거리에 나가 동전 나눠 주기 캠페인을 벌이는 겁니다. 작은 일이지만 반드시 많은 사람들이 희망과 용기를 얻게 될 것입니다."

"굿 아이디어야! 당장 은행에 가서 반짝반짝 빛나는 새 은화를 많이 바꾸어 오도록!"

록펠러는 곧 번화한 거리에 나가 지나가는 사람들에게 동전을 나누어 주었습니다. 아이들에게는 5센트, 어른들에게는 10센트짜리 동전을 무상으로 나누어 주었습니다.

"주님께서 당신을 축복하기를!"

또 다른 사람에겐 이렇게 말하기도 했습니다.

"선물을 주고받는 사람들은 누구나 친구가 됩니다."

록펠러에게 동전을 받은 사람들은 그것을 행운의 상징으로 여겨 줄에 매어 벽에 걸어 두거나 보석 상자 속에 고이 간직했습니다. 또 어떤 사람들은 아예 행운의 목걸이처럼 목에 걸고 다니기도 했습니다.

이때 록펠러는 3만 개 이상의 동전을 나누어 주었습니다. 얼마 안 되는 금액이지만, 그 동전을 간직한 사람들에게는 천금보다 소중한 마음의 선물이 되었습니다.

세상에 주는 마지막 선물 '록펠러센터'

'록펠러재단' 홍보 담당자는 뉴욕 대공황으로 미국 전체가 불황의 늪에 빠져 허덕이게 되자 록펠러 2세에게 전화를 걸었습니다.

"동전 나누어 주기는 매우 성공적이었습니다. 많은 사람들이 록펠러 회장에 대해 좋은 감정을 갖고 있습니다. 동전 하나가 그들에게 많은 위로가 되었던 것입니다. 이를 계기로 록펠러 회장께 대중 앞에서 공개적으로 연설하게 함으로써 희망의 공감대가 사회 전반에 퍼져 나가도록 할 필요가 있습니다. 아버님을 설득해 주십시오."

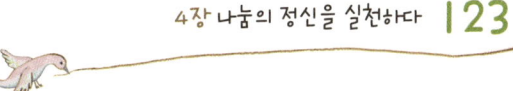

록펠러 2세는 그의 말이 옳다고 생각했습니다. 그래서 포칸티코 힐에 머물고 있는 아버지를 찾아갔습니다.

　"대중을 위해 아버님이 나서 주셔야겠습니다. 지금 많은 사람들에게는 용기와 희망이 필요합니다."

　이렇게 하여 록펠러는 대중 앞에서 연설을 하게 되었습니다.

　"나는 구십 평생을 살면서 경제 공황의 위기를 여러 번 겪었습니다. 이 세상에는 위기를 극복하여 성공하는 사람과 위기를 극복하지 못해 주저앉는 두 종류의 사람이 있습니다. 나는 인내심을 갖고 불황이 다시 호황 국면으로 바뀌기를 기다렸습니다. 여러 번의 공황을 겪었지만 단 한 번도 불황 다음에 호황이 오지 않은 적이 없기 때문입니다. 경제는 불황과 호황의 반복 과정에 지나지 않습니다. 파도가 출렁거려야 살아 있는 바다가 되듯, 우리가 사는 이 세상도 불황과 호황이 반복되기 때문에 활기찬 것입니다. 이번에도 반드시 호황이 올 겁니다."

　이러한 록펠러의 대중 연설은 많은 사람들에게 미래에 대한 희망을 심어 주었습니다.

　록펠러 2세도 아버지의 연설에 큰 감명을 받아, 맨해튼 중심

부에 미래 희망을 상징하는 기념물을 세우고 싶어 했습니다. 모든 사람들이 그것을 바라보며 희망을 노래하고, 벅찬 감동으로 미래를 활기차게 펼쳐 나갈 수 있는 그런 상징탑이 필요하다는 생각을 한 것입니다.

"아버님, 맨해튼에 록펠러센터를 건립하고 싶습니다."

"이건 누구의 생각이냐?"

"제 생각입니다. 지금까지 록펠러재단에서는 의학과 교육 분야에 많은 지원을 했습니다. 그런데 대공황 이후 많은 사람들이 좌절과 절망의 그늘에서 벗어나지 못하고 있습니다. 그들에게 용기와 희망을 줄 수 있는 것은 문화와 예술이란 생각이 들었습니다. 그래서 록펠러센터는 오페라하우스를 비롯하여 음악 홀, 극장 등이 들어갈 수 있는 대규모 복합 문화 공간으로 만들 생각입니다."

"좋은 생각이로구나. 그런 대규모 센터를 건립하려면 만만치 않은 자금이 들 것이다. 어느 정도 예산을 잡고 있느냐?"

"200여 개의 상점과 다양한 문화 공간을 포함해 대형 교회까지 들어가 건물 자체가 하나의 큰 도시가 될 수 있도록 할 생각

입니다. 그러한 규모의 건물을 지으려면 아무래도 1억 2,000만 달러 정도의 자금이 투자될 것으로 예상됩니다."

1억 2,000만 달러(1,300여억 원)면, 록펠러가 아들에게 유산을 상속한 총금액의 5분의 1 이상 되는 어마어마한 액수였어요. 그 금액을 문화, 예술, 복지 등을 위해 기부하겠다는 것이었습니다.

"역시 내 아들이로구나! 과연 록펠러 2세다운 발상이다. 어떻게 이런 환상적인 구상을 하게 됐느냐?"

"아버지! 처음에는 대공황으로 어려움에 처해 있는 사람들에게 어떡하면 일자리를 마련해 줄 수 있을까를 생각하다가, 가장 좋은 방법은 큰 건축물을 지어 건설뿐만 아니라 다양한 산업들이 활성화되고 많은 일자리가 생기도록 하면 좋지 않겠느냐는 판단을 하게 되었습니다. 그리고 기왕에 시작한다면 그 건축물이 완성된 뒤에도 많은 사람들이 오래도록 활용할 수 있는 복합 문화 예술 공간으로 록펠러센터를 건립하고자 한 것입니다."

이 말에 감동한 나머지 록펠러는 아들을 꼭 끌어안았습니다.

"과연 내가 아들을 잘 키운 보람이 있구나."

록펠러는 아들이 세우고자 한 록펠러센터야말로 자신에게 주

는 일생일대의 가장 큰 선물임을 깨달았습니다.

　이렇게 하여 미국 사상 최대의 기념비적 건물이 맨해튼에 세워지게 되었습니다. 록펠러센터를 건립하겠다는 공식 발표를 할 때 록펠러 2세는 다음과 같이 말했습니다.

"……맨해튼에 세워질 록펠러센터는 모든 건물이 지하철로 연결되도록 할 것입니다. 특히 휴머니즘이 느껴지는 사상 초유의 문화 공간을 창조해 낼 것입니다."

이렇게 해서 곧 록펠러센터의 건설이 착수되었습니다. 건설 기간을 10년으로 잡고 시작한 대공사였어요. 이것은 록펠러가 백 살이 되는 해에 완공함으로써 록펠러센터 개관을 더욱 빛내고자 하는 데 의미를 둔 것이었습니다.

그러나 이러한 계획은 이루어지지 않았습니다. 록펠러는 백 살을 두 해 앞둔 아흔여덟 살 때 자신에게 죽음이 찾아오고 있다는 것을 스스로 깨달았습니다.

록펠러는 자신의 삶에 만족했습니다. 몸이 쇠약해져 교회에는 갈 수 없고 침대에 누워 라디오로 설교를 듣는 처지가 되었지만, 하나님께 다음과 같이 기도를 드렸습니다.

"하나님, 정말 고맙습니다. 저는 인생 전반기인 55년간을 기업을 일구느라 쫓기면서 살아왔지만, 후반기 43년은 나눔을 실천하며 행복하게 살았습니다. 그 모두가 하나님 덕분입니다."

록펠러의 얼굴에는 행복한 미소가 지워지지 않았습니다.

결국 록펠러는 아흔여덟 번째 생일을 얼마 남겨 놓지 않고, 1937년 5월 23일 새벽에 세상을 떠났습니다. 록펠러센터 공사가 완공되기 2년 전에 안타깝게도 눈을 감은 것입니다. 2년만 더 살았더라면 100세 때 록펠러센터의 완공된 모습을 보는 영광을 누릴 수 있었을 텐데, 록펠러 2세는 그것을 못내 아쉬워했습니다.

　공사 시작 10년 만인 1939년에 완공된 록펠러센터는 지상 70층의 거대한 빌딩으로, 재능 있는 수많은 인재들의 문화 예술 활동을 지원하고 있습니다. 특히, 도시 속의 도시로 70년 가까운 세월이 흐르는 동안에도 '뉴욕의 심장'으로 불리며 많은 사람들의 사랑을 받고 있습니다.

지식 창고

어린이를 도와요

자선 사업을 하는 기관 중에는 우리와 같은 어린이들을 도와주는 곳들이 있습니다. 우리가 아낀 작은 용돈으로도 우리나라와 세계의 불행한 어린이들을 도와줄 수 있답니다. 어린이들을 후원해 주는 대표적인 단체를 알아봅시다.

 월드비전

월드비전은 60년 전에 생겼습니다. 기독교 단체지만 종교적인 목적은 없이 순수하게 지원 활동만 하고 있습니다. 전 세계에 30만 명이나 되는 후원자가 있는 아주 튼튼한 단체입니다. 국내 아동과 해외 아동 중에서 선택해서 도울 수 있습니다. 물품만 지원하는 것이 아니라 아이들의 문화 활동을 지원하기도 하고, 북한의 식량 문제를 해결하기 위한 지원 사업도 하고 있답니다.

 컴패션

우리나라는 1993년까지 컴패션의 수혜국으로서 다른 나라의 도움을 받았습니다. 그런데 이제 후원국이 되어 다른 나라의 어린이들을 도울 수 있게 되었습니다. 역시 세계의 많은 어린이들을 돕고 있고, 개발이 안 된 나라에서 엄마 젖을 못 먹는 아이, 탈수증에 걸린 아이들을 살리기 위해 태아, 영아 살리기 프로그램을 진행하고 있습니다. 차인표, 신애라, 션, 정혜영 등 유명 연예인이 후원하는 단체이기도 합니다.

굿네이버스

굿네이버스는 우리나라에서 시작한 단체입니다. 세계 19개국에서 가난, 굶주림, 질병으로 고통 받는 아동과 후원자가 결연을 맺어 아동의 성장을 지속적으로 돕습니다. 특히 굿네이버스는 우리나라의 기업들에게 지원을 많이 받고 있고, 후원금을 어떻게 사용했는지를 외부에 잘 알리고 있습니다. 또 정기적으로 후원하는 것이 부담되는 사람들을 위해 일시 후원을 할 수 있는 프로그램도 운영하고 있습니다.

초록우산 어린이재단

한국전쟁 직후 전쟁고아들을 지원하는 단체를 시작한 우리나라의 대표적인 어린이 구호 단체입니다. 지금은 우리나라의 아이들을 지원하는 활동에서 벗어나 세계 17개국 아이들을 돕고 있습니다. 경제적 지원뿐만 아니라 아프리카 아이들에게 학교를 지어 주는 등의 교육 사업, 깨끗한 물을 지원하기 위한 사업 등을 펼치고 있습니다. 또한 학교 폭력과 아동 성폭력을 근절하기 위한 다양한 활동도 병행하고 있습니다.

재미있는 논술 활동

다음 글을 읽고 여러분의 생각을 정리해 보세요.

록펠러는 병원비가 없어 입원을 하지 못하는 환자의 이름을 알아낸 후 자신의 비서에게 전화를 걸어 비밀리에 그 환자의 입원비를 지불하라 일렀어요.
그로부터 며칠 후 록펠러는 자신이 입원비를 지원해 수술을 받은 소녀가 건강한 모습으로 퇴원하는 뒷모습을 지켜보았어요. 그때 그의 가슴속에서 뭉클한 행복감이 차올랐어요. 지금까지 살아오면서 이런 행복한 삶이 있는지조차 몰랐던 것입니다.
'나는 지금까지 돈 버는 일에만 집착해 왔다. 이제부터는 그렇게 번 돈을 어떻게 바람직한 곳에 쓰는가에 몰두할 것이다.'

1 여러분들은 지금까지 자신보다 어려운 사람에게 조그마한 도움이라도 준 적이 있나요?

_____
_____
_____

2 만약 어른이 되어 록펠러처럼 훌륭한 사람이 된다면, 어떻게 이웃과 사회에 도움을 주고 싶은가요?

_____
_____
_____

3 다른 사람에게 베풀면 왜 행복해지는가에 대해 여러분의 생각을 적어 보세요.

_____
_____
_____

부모님께

아이들로 하여금 록펠러의 이야기를 통해, 이 시대의 공동 가치인 나눔의 정신과 그 실천 등에 대해 생각해 보고, 자신의 입장에서 어떠한 노력과 행동을 펼칠 수 있는지에 대해 고민하는 계기를 마련해 주십시오.

예시 답안

1. 버스 정류장에서 어떤 할머니가 길을 물었어요. 때마침 우리 집과 같은 방향이어서 할머니가 머리에 이고 있는 보따리를 받아 들고 목적지까지 모셔다 드렸어요. 그리고 평소에 용돈을 아끼고 절약해 조금씩 저금통에 모은 돈으로, 연말에 방송국을 찾아가 불우이웃돕기 성금에 보탰어요.

2. 우리나라가 선진국처럼 잘사는 나라가 되었다고 하지만, 주위를 둘러보면 어려운 사람이 참 많습니다. 그래서 가난한 사람들이 두루 잘살 수 있도록 하고 싶어요. 돈이 없어 병원에 가지 못하는 사람들이 이용할 수 있는 무료 병원을 많이 짓고, 보호자 없는 독거 노인들을 위한 휴양 시설도 세워서 '더불어 행복한 사회'를 만들고 싶습니다.

3. 도움을 주는 사람은 자신이 좋은 일을 한다는 마음 때문에 가슴이 뿌듯해지고요, 도움을 받는 사람은 감사한 생각이 들어 마음이 따뜻해지는 것 같아요. 이러한 뿌듯하고 따뜻한 마음은 곧 서로에게 '행복'이라는 기쁨을 느끼게 해 줍니다. 그래서 한번 주고받는 것만으로도 두 사람 모두 두 배의 행복을 느끼게 되는 것 같습니다.

John Davison Rockefeller
1839~1937